中国科普作家协会国防科普专业委员会推荐图书

舰船科普丛书

国之重器

中国船舶及海洋工程设计研究院
上海市船舶与海洋工程学会
上海交通大学

主编

水雷战舰艇

罗杏春　韦　强

编著

上海科学技术出版社

图书在版编目(CIP)数据

水雷战舰艇 / 中国船舶及海洋工程设计研究院,上海市船舶与海洋工程学会,上海交通大学主编; 罗杏春,韦强编著. —上海: 上海科学技术出版社, 2019.9
(国之重器: 舰船科普丛书)
ISBN 978-7-5478-4525-7

Ⅰ.①水… Ⅱ.①中… ②上… ③上… ④罗… ⑤韦… Ⅲ.①水雷战舰艇-青少年读物 Ⅳ.①E925.6-49

中国版本图书馆CIP数据核字 (2019) 第195409号

舰船科普丛书

水雷战舰艇

中国船舶及海洋工程设计研究院
上海市船舶与海洋工程学会　　主编
上　海　交　通　大　学

罗杏春　韦　强　编著

上海世纪出版(集团)有限公司
上海科学技术出版社　　出版、发行
(上海钦州南路71号　邮政编码200235　www.sstp.cn)
上海盛通时代印刷有限公司印刷
开本 787×1092　1/16　印张 12.5
字数 200千字
2019年9月第1版　2019年9月第1次印刷
ISBN 978-7-5478-4525-7 / N·179
定价: 80.00元

本书如有缺页、错装或坏损等严重质量问题,请向工厂联系调换

内容提要

　　水雷战舰艇是专门从事布雷和反水雷作战的舰艇的统称,包括布雷舰艇和反水雷舰艇。

　　布雷舰艇包括人力布雷舰艇和机械化布雷舰,主要用在海峡、沿海海域、江河和湖泊进行防御布雷或攻势布雷;反水雷舰艇包括扫雷舰艇、猎雷舰艇和破雷舰等,主要用于扫除或猎灭航道、港湾和江河的水雷障碍,为舰艇编队开辟水上通道。

　　本书系统地介绍了水雷和水雷战舰艇及装备的由来、主要特点、工作原理等,着重介绍了人民海军水雷战舰艇的发展和现状。

　　本书图文并茂,集通俗性、趣味性和知识性于一体,可作为青少年科普读物,也适合于对舰艇知识感兴趣的普通读者阅读。

国之重器——舰船科普丛书
编委会

■ **主 任**

邢文华

■ **副主任**

黄 震　卢 霖　林 鸥　盛纪纲　胡敬东
韩 华　张 毅

■ **委 员**

陈 刚　沈伟平　姜为民　李小平　黄 蔚
赵洪武　王 洁　冯学宝　王 磊　张莉芬
张达勋　张 超　景宝金　吴伟俊　倪明杰
许 刚　孟宪海　王文凯　韩 龙　余继亮

国之重器——舰船科普丛书
专家委员会

■ **主　任**

曾恒一　潘镜芙

■ **副主任**

韩　华　郑茂礼　郑　晖　杨德昌　田小川

■ **委　员**

王佩宏　张照华　郭彦良　张关根　杨葆和
俞宝均　张文德　张福民　涂仁波　毛献群
张祥瑞　马　涛　吴正廉　徐寿钦　陈德耀
张仲根　戴自昶　张　帆　罗杏春　马炳才
刘厚恕　张太佶　张富明　李志刚　李新仲
谢　彬　王建方　李刚强　吴　刚　徐　萍
王彩莲　张海瑛　仲伟东　于再红　丁伟康

国之重器——舰船科普丛书
编辑部

■ 主　编

张　毅

■ 编写人员（以姓氏笔画为序）

于再红	卫琛喻	王　庆	王　建	王　莉
王建方	韦　强	曲宁宁	任　毅	刘积骅
祁　斌	牟朝纲	牟蕾频	杨　添	李　成
李刚强	李招凤	吴贻欣	邱伟强	张宗科
张富明	林伍雄	范永鹏	尚亚杰	尚保国
罗杏春	单铁兵	赵吉庆	段雪琼	俞　赟
施　璟	洪　亮	姚　亮	贺慧琼	秦　硕
徐春阳	唐　尧	陶新华	黄小燕	曹大秋
曹才轶	曹永恒	梁东伟	韩　龙	虞民毅
魏跃峰				

总　序

　　海洋之美，浩瀚、静谧、神秘。人类生存的地球表面71％覆盖着海洋，陆地被海洋包围着，仿若不沉之"舟"。

　　中华人民共和国，既是一个拥有960万平方千米陆地疆域的陆地大国，也是一个东部和南部大陆海岸线约1.8万千米、内海和边海的水域面积约470万平方千米、海域分布有大小岛屿7 600多个的海洋大国。提高海洋资源开发能力、发展海洋经济、保护海洋生态环境、坚持维护国家海洋权益、建设海洋强国，事关国家安全和长远发展，也对实现中华民族伟大复兴的中国梦具有十分重要的战略意义。

　　工欲善其事，必先利其器。经略海洋，装备当先。只有拥有强大的海洋装备作支撑，才能形成强大的海上力量，才能保障安全可靠的海上能源和贸易通道，才能拥有海洋权益的话语权。能犁开万顷碧波的舰船，正是建设海洋强国的"国之重器"。

　　经过几代中国舰船人的努力，我们取得了骄人的成绩。第一艘航母已交接入列，第二艘航母又下水海试；新型弹道导弹核潜艇受到世界各国的关注；"滨州"号护卫舰、"昆仑山"号船坞登陆舰等在亚丁湾为过往船只保驾护航；"临沂"号护卫舰参与也门撤侨，彰显大国担当；"和平方舟"号医院船多次赴海外开展医疗服务和救灾援助；自主设计制造的20 000箱超大型集装箱船助力中欧航线的运输；"天鲲"号绞吸挖泥船向世界展示什么叫作历练终成金；"雪龙2"号科考船即将承载起极地探索的使命……

　　这一个个令人振奋的消息背后，是"国之重器"建设大军只争朝夕、锐意进取、拼搏奋斗、攻坚克难的身影。"功以才成，业由才广"，世上一切事物中人是最宝贵的，一切创新成果都是人做出来的。硬实力、软实力，归根到底要靠人才实力。科技发展史证明：谁拥有了一流创新人才、拥有了一流科学家，谁就能在科技创新中占据优势。

　　在中国建设海洋强国的道路上，"国之重器"建设大军的每一个岗位都必须后继有

人,有人传承,有人接班!

少年强则中国强。为增强青少年的海洋和国防意识,普及舰船和海洋工程科学知识,我们编撰了一部以青少年为主要对象、面向公众的科普读物"国之重器——舰船科普丛书"(简称"丛书")。丛书以舰船为主线,全面展现新中国成立近70年以来,自主研制国之重器的艰难历程及取得的辉煌成就,使广大青少年从中汲取知识、增长才干、坚定信念、强化担当。

这套丛书共20分册,涵盖海洋防卫、海洋运输、海洋科考、海洋开发等方面,包括:海上霸主——航空母舰、深海巨鲨——潜艇、海上科学城——航天测量船、探究海洋奥秘的科学考察船、造船工业皇冠上的明珠——液化气运输船、海上巨无霸——集装箱船、超大型油船、造岛神器——大型挖泥船、海上石油城——钻井平台等。

丛书由从事舰船和海洋工程科研、设计、建造的100余位专家、技术骨干和青年科技工作者执笔,并经30余位专家审阅,历时2年编写而成。

当代青少年和公众涉猎面广,超前意识和多维立体思维能力强,具有令人刮目相看的理解能力。丛书撰写者充分考虑到青少年和公众读者的阅读要求,量身定制、兼收并蓄,将舰船知识图谱化,采用重点讲解、型号示例等方法,使专业知识通俗易懂,增强了丛书的可读性。

博览众采,传承知识。丛书通过科学的体例设置,涵盖军用舰船、民用船舶和海工装备的相关知识,体系庞大而有序,知识通俗而有内涵,突出展现了丛书内容的鲜明特色,使广大青少年读者一书在手,舰船在胸。

——图谱化的舰船知识。丛书坚持知识性与趣味性相结合,以图文并茂的形式对一些典型舰船进行集中讲解,以便让读者掌握舰船的特点。

——通俗化的专业知识。丛书坚持专业性与通俗性的有机结合,用朴实的篇章构建舰船知识链,用易懂的语言精准描述舰船的工作原理、性能特点。

——人文化的历史知识。丛书追溯舰船诞生的起点,展望舰船发展的未来,彰显舰

船历史的人文特色，描绘出一幅幅人类设计建造舰船、塑造海洋文明的生动画卷。

拓展视野，启迪心智。丛书以舰船为载体，为广大青少年读者打开了世界舰船知识之门、中国舰船科技之窗，让读者驾驶生命之船，扬起思想风帆。

——认清大势，强化理念。丛书以舰船为媒，引导读者正确认识世界和中国。半个多世纪风雨兼程，中国船舶装备在变，舰船航迹在变，唯有"国之重器"建设者们"忠于党、忠于人民、忠于国家"的初心不改，信仰不变，继续弘扬突破自我、敢为人先的工匠精神，锲而不舍，发愤图强，国家利益所至，科技创新必达！

——明确主题，播种梦想。丛书以中国舰船制造励精图治、自力更生、发奋图强、勇创辉煌的历史红线，为每个青少年播种梦想、点燃梦想，让更多青少年敢于有梦、勇于追梦、勤于圆梦。

激扬青春，陶冶情操。理想指引人生方向，信念决定事业成败。丛书倾诉舰船昨天之历史故事，弹奏舰船今天之恢弘篇章，高歌舰船明日之瑰丽远景。

——弘扬爱国主义精神。丛书立足民族、面向世界，旨在激发广大读者的爱国情怀；以科学的视角，生动介绍了新中国成立以来我国舰船及海洋工程研制所取得的成就，讲述一代又一代科技人员怀着深厚的爱国情怀，为中国舰船事业发展所作的贡献。

——倡导奋进创新思想。丛书用世界舰船的历史史实启发读者认知：创新是民族进步的灵魂，是一个国家兴旺发达的不竭源泉。广大青少年读者应敢为人先，勇于解放思想、与时俱进，敢于上下求索、开拓进取，树立雄心壮志，努力超越前人。

——激励艰苦奋斗精神。丛书用中国舰船的历史史实引领读者感悟，我们的国家、我们的民族，从积贫积弱一步一步走到今天的繁荣富强，靠的就是一代又一代人的顽强拼搏，靠的就是中华民族自强不息的奋斗精神。

2016年5月30日，习近平总书记在全国科技创新大会、两院院士大会、中国科协第九次全国代表大会上的讲话指出：科技创新、科学普及是实现创新发展的两翼，要把科学普及放在与科技创新同等重要的位置。希望广大科技工作者以提高全民科学素质为己任，在

全社会推动形成讲科学、爱科学、学科学、用科学的良好氛围，使蕴藏在亿万人民中间的创新智慧充分释放、创新力量充分涌流。"国之重器——舰船科普丛书"正是习近平新时代中国特色社会主义思想的生动实践。

愿："国之重器——舰船科普丛书"构建一座智慧的熔炉，锻造中国青少年威武铁甲！

愿："国之重器——舰船科普丛书"筑起一个知识的平台，助力中国青少年纵横海疆！

愿："国之重器——舰船科普丛书"插上一双理想的翅膀，引领中国青少年翱翔海天！

中国工程院院士

2018年8月

前言

　　水雷战舰艇伴随着水雷的发明和发展应运而生。水雷作为一种水中兵器，布设于水面、水中或水底，一旦有舰船与其发生碰撞，或进入非触发引信作用范围，或由人工遥控使其爆炸，即可毁伤各类舰船和限制舰船行动。因水雷造价低廉、易于布设，在海战中既可实施防御布设，也可进行攻势布设，既是战术使用武器，又可发挥封锁、进攻的重大战略作用。水雷战舰艇是布设、清除水雷的利器，是海军的重要作战装备。

　　中国是一个拥有1.8万多千米海岸线与众多岛屿，陆海兼备的濒海大国，宽阔的沿海大陆架是实施水雷战的理想海域。因此，研制性能优良的水雷和设计建造先进的水雷战舰艇，对于保卫我国万里海疆，取得对敌水雷战的胜利十分重要。

　　为了使广大读者尤其是青少年读者了解国内外有关水雷和水雷战舰艇的知识，了解我国水雷战舰艇从无到有、从小到大、从单一功能到多种功能、从引进仿制到自主创新发展的历程，我们编写了这本《水雷战舰艇》。

　　本书内容涵盖水雷的由来、构造、原理、性能、演变和种类；水雷战舰艇的渊源、关键技术、专用设备；布雷、扫雷、猎雷原理和根据不同需求设计建造功能各异的水雷战舰艇。特别介绍了中国水雷战舰艇的研究、设计、建造，以及突破的关键技术。书中对中国先后设计建造的低磁钢扫雷艇、玻璃钢扫雷艇、艇具合一式港湾扫雷艇、新型猎扫雷艇、新一代基地扫雷舰和自动化布雷舰等进行了讲解，说明了中国在世界水雷战舰艇领域中所处的领先地位和水雷战舰艇的发展趋势，以期青少年读者在了解水雷战舰艇相关科学知识的同时，增强海防意识，热爱和关心人民海军的装备建设。

编　者

2019年5月

2 | 水雷战舰艇

舰船科普丛书

目 录

引子 / 1

第1章
水下奇兵——水雷 / 5

各有特色——水雷的分类 / 6

各怀绝技——水雷的结构和特性 / 10

"雷"无止境——新引信水雷 / 22

第2章
矛与盾的较量——水雷战 / 25

一碰冲天——水雷用于水雷战的威力 / 26

攻防兼备——水雷战的分类与特点 / 28

以小博大——水雷战的作用与经典战例 / 31

第3章
海上争锋——布雷与反水雷的较量 / 39

无处不在的布雷 / 40

多种多样的反水雷方式 / 46

第4章
"亮剑"海战——水雷战舰艇 / 67

水雷战舰艇的分类和发展 / 69

专门设置水雷障碍的布雷舰艇 / 72

各具神通的反水雷舰艇 / 73

水雷战舰艇的好帮手——消磁船 / 84

第5章
揭秘重器——水雷战舰艇的独特布置和关键设备 / 87

水雷战舰艇的独特布置 / 88

水雷战舰艇的辅助设备 / 90

独门绝技——反水雷舰艇的独特设计 / 95

第6章
逐步领先——中国水雷战舰艇的发展历程 / 103

长江口扫雷 / 104

仿制初始型基地扫雷舰 / 106

引进改进型基地扫雷舰 / 107

港湾扫雷艇——首艘自行设计建造的扫雷艇 / 110

初级无人艇——第一代遥控扫雷艇 / 111

无影无踪——低磁钢扫雷艇 / 112

隐蔽幽灵——无磁性玻璃钢扫雷艇 / 114

闪耀明星——艇具合一式港湾扫雷艇 / 115

火眼金睛——新型猎扫雷舰 / 122

一览众山小——新一代基地扫雷舰 / 126

新型布雷舰——布雷好像"下饺子" / 132

可程序控制——第二代遥控扫雷艇 / 135

让舰船磁场消失——大型消磁船 / 137

重视与奉献 / 141

第7章
各有千秋——国外水雷战舰艇概况 / 145

用于远洋——美国水雷战舰艇 / 146

数量庞大——苏联/俄罗斯水雷战舰艇 / 149

型号众多——日本反水雷舰艇 / 151

其他国家的反水雷舰艇 / 156

第8章
与"雷"俱进——未来水雷战舰艇展望 / 165

网络化 / 166

无人化 / 167

小型化 / 170

模块化 / 171

智能化 / 173

多功能化 / 174

参考文献 / 176

后记 / 179

引 子

2018 年6月某日清晨，在中国东海海域，海面平静、浓雾笼罩，人民海军三大舰队多艘新型扫雷舰、猎扫雷舰奉命集结，当抵近目标海域后，一场接近实战化的"勇敢杯"水雷战竞赛性考核演习即将打响！

随着海军指挥部命令的发布，808号猎扫雷舰全体官兵在一阵急促的警报声中迅速就位，舰上作战指挥室里指挥员紧盯着综合作战指挥系统显示屏，从而对下一步行动进行决策。

"报告指挥员，方位××，距离××

> 图1　从舰上吊放灭雷具接近水面

> 图2　新型猎扫雷舰正在进行"勇敢杯"水雷战竞赛性考核演习

米,发现疑似水雷目标!"

"准备右舷投放灭雷具!"

300米、200米、150米……被称为"水下机器人"的灭雷具逐渐接近目标,并通过前置摄像头传回海底影像,水雷目标已清晰浮现。猎雷作战人员瞅准时机按下投放按钮,灭雷炸弹被精准投送就位并引爆!

"轰"的一声巨响,伴随着舰体剧烈晃动,一个数十米高的水柱冲天而起,一枚智能化水雷被成功清除!

从探测识别、目标确认到实施摧毁,

> 图3 从舰艉看水雷被灭雷炸弹引爆的冲天水柱

> 图4 圆满完成考核演习任务后扫雷舰大队长在舰上接受中央电视台记者采访

反水雷作战的流程看似简单,却是当今世界海战的三大难题(反水雷、反潜、反导弹)之首。

反水雷战经历了几百年,为什么仍是当今世界海战的难题?小小的水雷为什么会成为众多巨型战舰的"致命杀手"?"貌不惊人"的水雷战舰艇为什么会成为众多国家争相发展的"国之重器"呢?

下面就让我们带着这些疑问走近水雷战舰艇,去看看水雷战的经典故事,去认识古老的水中兵器——水雷的前世今生,也去了解水雷战舰艇都有哪些布雷、排雷"神器",又是如何布雷和排雷的吧!

浑身铁疙瘩，一碰我就炸。
水雷同胞兄弟多，自是家族大。
别看相貌丑，我的威力大！

这是一首很简短的儿歌，却唱出了水雷——这个水下奇兵的许多主要特点。下面就让我们走进这个水雷大家族，一一领略它们的本领和风采吧！

各有特色
水雷的分类

水雷的种类繁多，分类方法也形形色色、各有不同。通常可按其在水中的分布位置、使用海域水深、引信动作方式、装药量和布放方式等特性进行分类。

按水雷在水中的分布位置分类

如果按水雷在水中的位置进行分类，从水面到水底可依次分为漂雷、锚雷和沉底雷三种。

漂雷是一种可漂浮在水面上或水面下方一定深度的水雷，有水面漂雷和自动定深漂雷两种。由于漂雷无雷区限定，就像一个流浪者到处漂泊不定、不受控制，所以漂雷的行踪无规律可循，极具危险性。

锚雷可布设在较深的水中，通过雷锚和雷索将装药雷体固定在设定水深处。锚雷的钢质雷索在水中放出的长度可预先设定，或者由自动定深机构根据水深自动定

> 图5　在海面上的漂雷

> 图6　布放在水中的带触角的锚雷雷体

第1章 水下奇兵——水雷

> 图7 布放在海底的沉底雷

深。由于锚雷的大小不同，其适应的水深也不同。小型锚雷适应水深约5～60米，大型锚雷适应水深约15～300米。近些年有些国家又发明了一种新型锚雷——短系索火箭自动上浮水雷。

漂雷、锚雷可配有触发、非触发两类引信。

沉底雷只装备非触发引信，根据其触发引信的不同，可分为磁性水雷、声频水雷（又称音响水雷）、水压水雷和联合引信水雷等。沉底雷是一种布设在海底，在较浅水域使用的水雷。如果用于打击潜艇，沉底雷可布设在90～300米水深的海底；如果用于打击水面舰艇，布深通常不超过60米。

 **按水雷使用海域水深分类**

从水雷的使用海域水深，可将水雷分

水雷引信

对于触发锚雷而言，水雷引信指其雷体或触角被舰船撞击后，接通发火线路的装置。

对于非触发锚雷、漂雷和沉底雷而言，水雷引信指其接收特定物理场信号后，接通发火线路的装置，可分为单一引信和联合引信。

单一引信指水雷引信只接收一种特定物理场信号的引信，如声引信、磁引信等。

联合引信指水雷引信接收两种及以上特定物理场信号的引信，如声磁联合引信等。

为4类：拍岸浪水雷（水深≤10米）、浅海水雷（10米＜水深≤40米）、大陆架水雷（40米＜水深≤200米）和深海水雷（水深＞200米）。

浅海水雷适用水深一般为40米左右，以沉底雷为主，可混合使用锚雷和漂雷。沉底雷具有更强的抗扫能力，但水深超过80米时对水面舰艇威胁不大，只能用于反潜。水面舰艇的水雷威胁主要来自普通锚雷和火箭上浮雷，它们的特点是雷体悬浮于水中，分别位于海面和海底附近约10米处。

深海水雷使用最大水深超过200米，包括大深度锚雷和漂雷，最大布深超过千米，其雷体悬浮于水面下数百米处，采用上浮或自导（发射鱼雷）方式工作，攻击距离最大可达1 000米，主要打击大型舰船和核潜艇，目前美国、俄罗斯等均有此类水雷。

中国近海各水道水深均在2 000米以内，受大深度锚雷的威胁格外突出。大深度锚雷体积大，易于被探雷声呐发现。漂雷使用水深不受限制，它可保持在水下固定深度，但战斗有效期通常仅数天，对远洋舰队的实际威胁不大。

按水雷引信动作方式等分类

如果按水雷引信动作方式、发火装置或引爆方式来分，可分为触发水雷、非触发水雷和遥控水雷。

触发水雷通常以锚雷为主，也有漂雷。顾名思义，触发水雷只有接触或碰撞才能被引爆，其触发方式包括触角触发、机械撞发、惯性触发等。

非触发水雷主要有沉底雷，也有锚雷及漂雷等。这类水雷无须与舰船目标直接接触，通过感应舰体所引起的各类物理场变化从而发火起爆。非触发方式主要包括

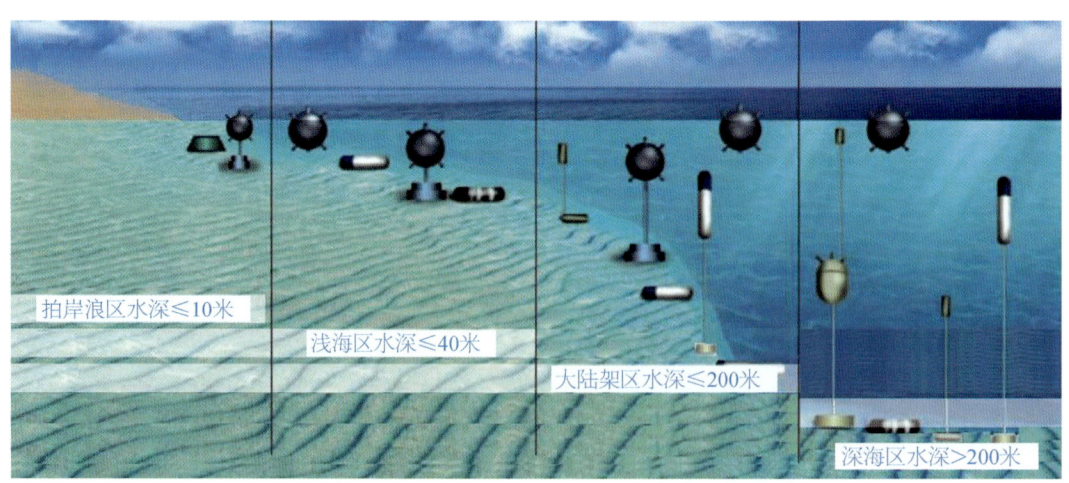

> 图8 拍岸浪区、浅海区、大陆架区和深海区水雷示意图

磁引信、声引信、水压引信、电场引信、光引信、地震波引信等。这些引信既可单一使用，又可联合使用。20世纪70年代以后，使用单一引信的非触发水雷极为少见。

遥控水雷是一种不接触而引爆的沉底水雷，一般布设在近岸水域用于防御，适用水深几十米的浅水。遥控水雷装有声、磁传感器，通过控制电缆与水雷的控制装置相连接并实现控制，也可自动控制起爆。遥控水雷的整个系统由水雷、配电箱和控制装置组成，当控制电缆或遥控装置损坏时，水雷进入自动控制状态。

在第二次世界大战（简称"二战"）之前，触发水雷一统天下；二战初期，非触发水雷开始装备部队使用。

按水雷装药量分类

按水雷装药量分类，可分为大型水雷、中型水雷和小型水雷三类。

对于大型水雷，锚雷装药量在200千克TNT（梯恩梯炸药）以上，漂雷装药量在150千克TNT以上，沉底雷装药量在500千克TNT以上。

对于中型水雷，锚雷装药量100～200千克TNT，漂雷装药量100～150千克TNT，沉底雷装药量250～500千克TNT。

对于小型水雷，锚雷和漂雷装药量在100千克以下TNT，沉底雷装药量在250千克以下TNT。

通常，中、小型水雷主要用于对付一般舰船，而大型水雷主要用于对付航母及大中型舰船。

按水雷布放方式分类

按水雷布雷方式分类，可分为空投水雷、舰布水雷和潜布水雷。这三种水雷对

> 图9　水面舰艇用鱼雷发射管布放水雷

TNT（梯恩梯炸药）

TNT是一种最常用的炸药，它的学名为三硝基甲苯，TNT是三硝基甲苯英文名称的缩写。常温下它是黄色菱形晶体，化学性能稳定，不与金属反应，加热到81摄氏度时熔化成液体，便于注入炮弹内及雷体内；加热到240摄氏度时才发生爆炸，其爆炸威力巨大，仅仅略小于烈性炸药。由于TNT威力大又安全，所以被广泛应用于军事和民用爆破工程。

应的运载平台分别是飞机、水面舰艇和潜艇。

空投水雷的布设要求最严，它需要承受海水冲击，要加装降落伞或安定翼和空投装置。

舰布水雷对水雷没有特殊的要求，只要甲板上铺设有标准雷轨就行；当然，水面舰艇如果装备有鱼雷发射管，也可进行布放。

潜布水雷只能用鱼雷发射管布放，要求其直径为533毫米，通常一个发射管装两枚水雷。

> 图10 美国海军大黄蜂战斗轰炸机布放带降落伞的沉底雷

各怀绝技

水雷的结构和特性

认识了水雷家族这么多成员后，下面就让我们和它们来一次亲密接触，逐一了解它们的结构和特性吧！

触角瘟神——锚雷

锚雷是一种由带锚的雷车和雷索将雷体系留在水中一定深度的水雷。它可是最早诞生的水雷，其历史可追溯到中国明朝的"水底龙王炮"，可以说是水雷家族的"水老大"。

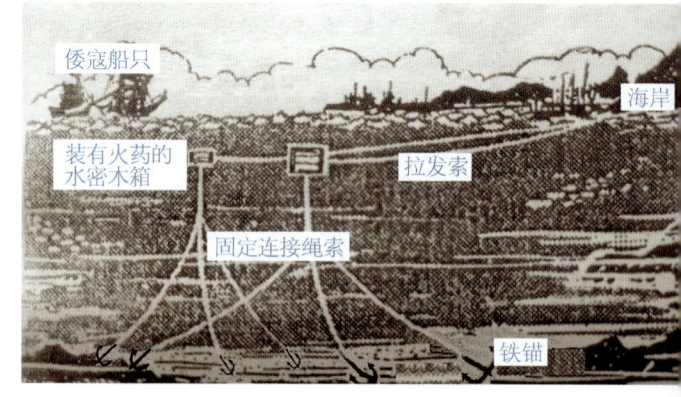

> 图11 中国明朝发明的世界最早的锚雷——"水底雷"示意图

第1章 水下奇兵——水雷

准备擦

擦着火了

> 图12 擦火柴点火示意图

最初的手榴弹发火原理也是像擦火柴点火差不多,手榴弹手柄下部的底盖打开后,就看到有一个环圈连着一根线状拉发索。只要一拉环圈,就点燃引火线,引火线烧到底可点爆炸药,手榴弹就爆炸了。

> 图13 手榴弹外形图

小 贴 士

世界上第一颗水雷

水雷属于古老的水中兵器,史料表明它最早是由中国人发明的,比西方早200多年。明朝嘉靖元年(1522年),中国东南沿海经常遭受倭寇舰船侵袭。为了对付这些海盗的海上入侵和骚扰,中国人把陆上用的装有火药的木箱涂抹油灰密封放到水里,这就发明了水雷。明朝嘉靖二十八年(1549年),在著名抗倭英雄唐顺之纂辑的《武编》一书的"火器"章节中有详细的记载:"水底雷"是用木箱做雷壳,将火药装在木箱内,用油灰粘缝进行密封;木箱下面用3根绳索各连接1个铁锚固定连接、定位和控制深度,使木箱位于水面以下,不容易被发现;其发火装置用一根长绳索相连形成拉发索,由海岸边人工操纵拉启导火索,制成一种靠拉导火索发火的锚雷,专门用于炸毁敌船,使船上倭寇无处逃窜。可以说这是水雷的鼻祖,也称得上是世界第一枚水雷。"水底雷"也就是最早的人工控制拉发索发火装置的锚雷。

小 贴 士

拉发索的功能

"水底雷"如何发生爆炸的呢?关键在拉发索,拉发索连接着"水底雷"的发火装置,就像擦火柴点火差不多,只要拉发索一拉,"水底雷"就发火爆炸。

普通锚雷都是触发性的，雷体上装有触角，触角内装有化学反应装置。只要舰船碰到任何一个触角，就会使化学药品从破裂的密封管中流出并形成一个化学电池，产生的电流引爆雷管，从而引起内部

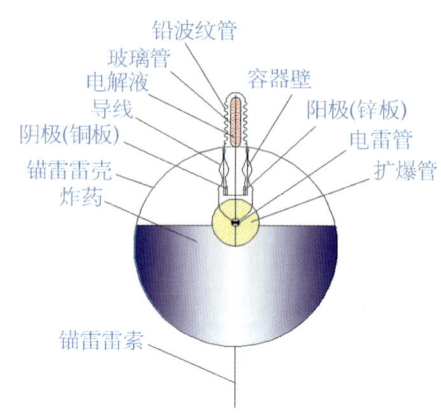

> 图16　锚雷触角撞发引信示意图

炸药爆炸。这就是舰船碰到水雷的触角会发火爆炸的原因。

锚雷使用时，可依据不同的作战任务，通过调整锚索的系留长度来确定其布设位置，有的反潜锚雷可布设于水下约1 000米处。锚雷的隐蔽性和抗扫力较差，布在浅水中的锚雷易被飞机、直升机或水面舰艇发现；布于水下数十米深的锚雷又易被声呐探测到，而且容易被切割式扫雷具割断锚索而浮出水面，并被扫雷舰艇上的火炮击毁。

> 图14　在布雷舰艉部雷轨上的小型锚雷

> 图15　在岸上放置的大型锚雷

> 图17　带触角的锚雷内部解剖图

第1章 水下奇兵——水雷

> 图18 非触发锚雷

随着科学技术的进步，出现了不长触角的非触发锚雷。当舰船接近非触发锚雷时，它们感应到舰船的物理场（声场、磁场等），在非触发状态下就会引起爆炸。

移动杀手——漂雷

漂雷是一种布设在水面和水中，能自动寻深，呈漂移状态的水雷，有触发式和非触发式两种。

在敌方航道布放水面漂雷时，如果是在白天，容易被敌方发现，打击效果差，只有晚上或雾天才好。因此，目前漂雷大多数做成能在水中漂浮的水雷（即水中漂雷），不易被敌方舰船发现，才符合实战需求。

那么，水中漂雷是怎样保持在水面下方一定的深度呢？设计漂雷时，选取适当的体积和重量，使它在水中保持不沉不浮的状态，其内部配备电池和电动机提供上浮或下沉的动力。当漂雷受水流干扰下沉太深时，橡胶水压膜板接通正转电路，电动机带动螺旋桨正转，漂雷上浮回到原位；当漂雷受水流干扰上浮太浅时，橡胶水压膜板接通反转电路，电动机带动螺旋桨反转，漂雷下沉又回到原位。这样，漂雷就始终在设定深度附近漂浮。

 小贴士

中国锚雷的种类

中国锚雷有多种类型。

"锚-1"型水雷是仿制苏联的大型触发式水雷，用于攻击大型水面舰艇。

"锚-2"型水雷是仿制苏联的中型触发式水雷，用于封锁航道和港口。

"锚-3"型水雷是仿制苏联的大型触发式水雷，专门用于攻击潜艇。

"锚-4"型水雷是人民海军第一种非触发性深水超声水雷，也是中国自行研制的第一种水雷，具有较强的抗自然干扰能力，专用于封锁水深流大的海区，以攻击中型舰艇和潜艇为主要任务。

> 图19 在布雷舰艉部雷架上的水中漂雷

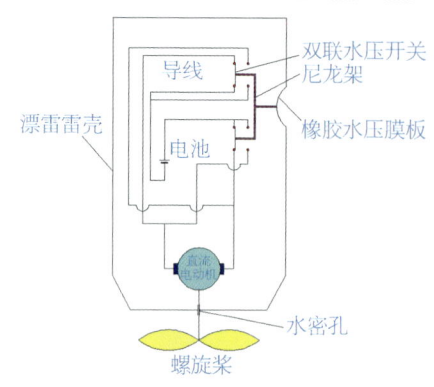

> 图20 水中漂雷自动定深原理示意图

> 图21 在布雷舰舷边雷车上的沉底雷

海底伏兵——沉底雷

沉底雷是一种布设在水底的水雷。由于沉底雷不会被舰船撞上，所以只能使用非触发引信。当舰船通过时，其下方的水中磁场、声场、水压场等都会发生变化，基于此而研发出了磁引信水雷、声引信水雷、水压引信水雷以及磁–声–水压联合引信水雷。

应用沉底雷打击水面舰艇时，应考虑到炸药的威力在水中随距离增大而减小，布放水深小于30米时威力较大，因此布放水深一般不超过60米。应用沉底雷打击潜艇时，布放水深需达300米左右，这也是常规潜艇的最大下潜深度。

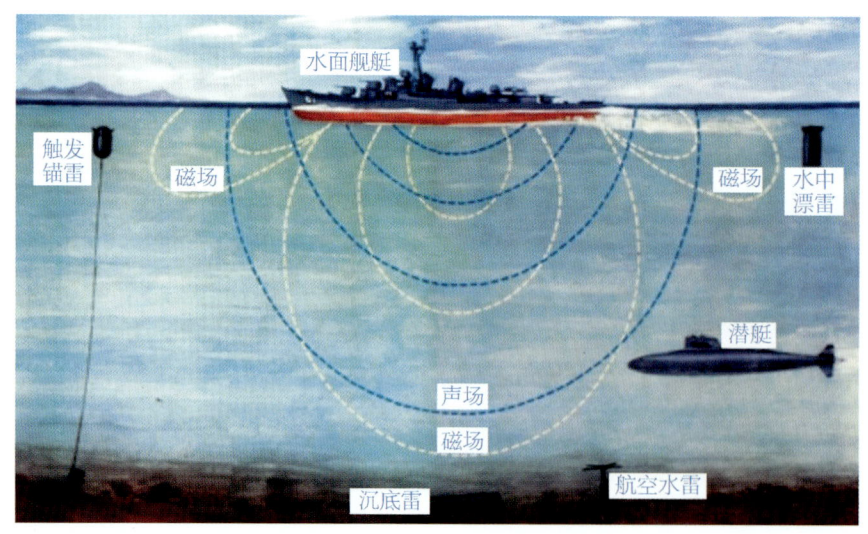

> 图22 水雷对水面舰艇和潜艇的威胁彩图

第1章 水下奇兵——水雷

无线电磁场接收机——磁性水雷

普通螺丝刀用的时间长了会带有磁性,能够吸引小螺钉等零件。这是因为地球是个大磁体,地面空间充满了磁场,对钢铁等铁磁物质有着磁化作用,使得钢铁等铁磁物质产生磁性。

舰船是由钢铁制造,时间长了也会被地球磁场所磁化而带有磁性,犹如浮动的"大磁铁"。当带有磁性的舰船驶进磁性水雷的地盘时,水雷就能感受到舰船产生的磁场,并按预先设置的程序引爆水雷。轰的一声,一瞬间"樯橹灰飞烟灭"!

磁性水雷威力如此巨大,它是怎样工作的呢?

大家都乘过地铁,当你用交通磁卡刷地铁闸机的刷卡机时,闸机的闸门会自动打开,这是因为交通磁卡具有特定的磁场,当闸机的刷卡机接收到这种磁场信号后,由闸机里的电磁场放大器输出大电流,再由内部的电动机转动把闸门打开。

磁性水雷的电磁引信工作原理与地铁闸机的工作原理非常相似:舰船或潜艇经过水雷附近时,其艇体周围磁场被水雷的铁棒线圈所接收,通过导线传到电磁场放大器,经放大后产生大电流,引起电雷管爆炸,进而引爆水雷,炸毁

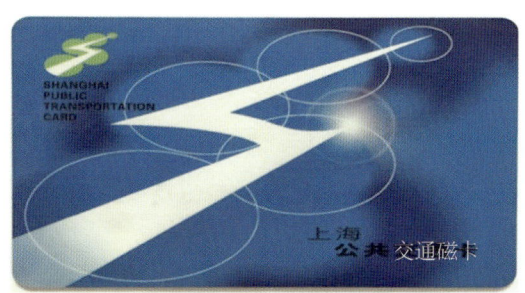

航行舰船

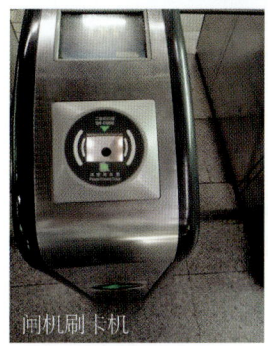
闸机刷卡机

磁性水雷

> 图23 交通磁卡和闸机的刷卡机与舰船和磁性水雷对应图示

（a）交通磁卡离刷卡机较远

（b）航行舰船离磁性水雷较远

（c）交通磁卡紧靠刷卡机

（d）航行舰船在磁性水雷上方

（e）闸机闸门打开

（f）磁性水雷爆炸

> 图24 闸机开门与水雷爆炸对应图示

舰艇或潜艇。

磁性水雷虽然令人防不胜防，但是也有个致命弱点——容易"自爆"。其原因是在洋流或海浪冲击下，雷体发生翻滚或

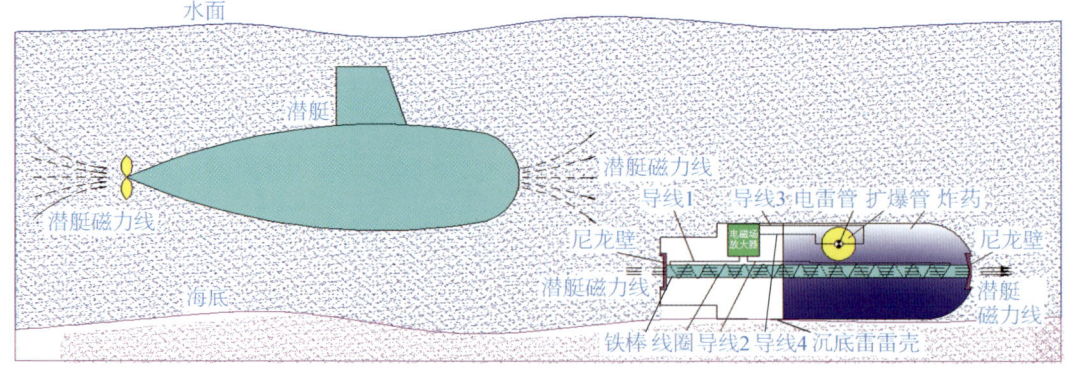

> 图25 磁引信工作原理示意图

方向发生偏转，使水雷上的磁针也发生转动，接通起爆电路，导致爆炸。针对磁针式磁性水雷这种"不攻自爆"的缺陷，人们进一步研制出了电磁感应水雷，用电磁线圈来代替磁性水雷上的磁针，只有接收到舰船磁场才会爆炸，与水雷翻滚及方向偏转无关。

水中顺风耳——声频水雷

声频水雷，顾名思义是靠声响引爆声引信的水雷，它是水雷家庭中的"水中顺风耳"，也是"水中听风者"。这个"水中听风者"能很敏锐地"听"到敌舰发动机和螺旋桨等动力源发出的噪声，从而自动引爆水雷。

那么，声频水雷是怎样工作的呢？

大家都到过大剧场欣赏过音乐会，歌唱者在舞台上唱歌时，虽然离后排的听众很远，但是后排的听众还是能清晰地听见歌声。这是为什么呢？

原来歌唱者的歌声被话筒（又称为"麦克风"）接收，通过电线到达声频放大器，经放大后再由电线传到远处的电喇叭，带动电喇叭发出更响亮的声音。这样大剧场前后排的听众都能够清晰地听到美妙的歌声。

水雷的声引信原理与音乐会歌声原理大致相似。

潜艇经过水雷附近时，其螺旋桨产生的水声噪声被水雷的水声接收器接收，通过导线传到水声放大器，产生大电流，引起电雷管爆炸，进而引爆水雷，毁伤潜艇。

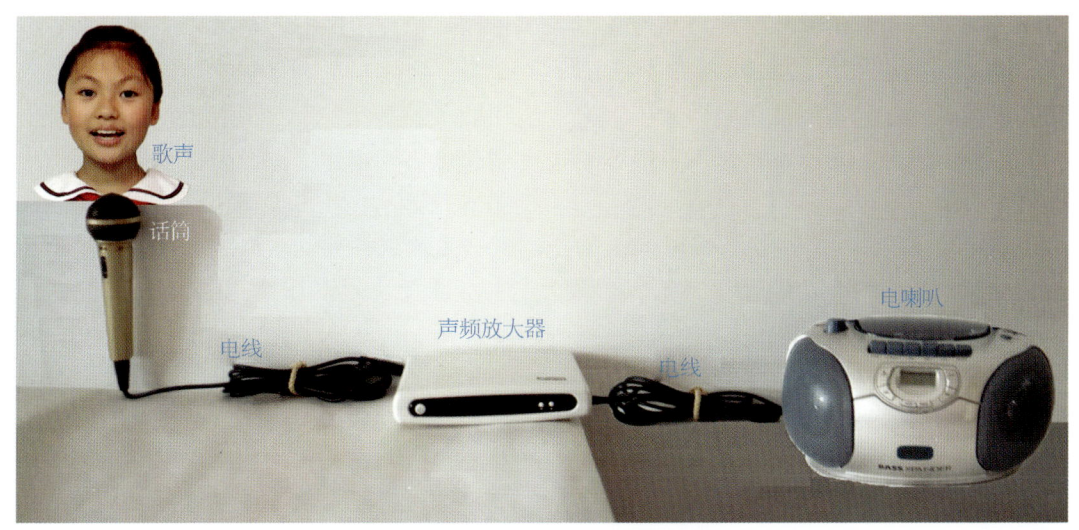

> 图26　音乐会歌声放大原理示意图

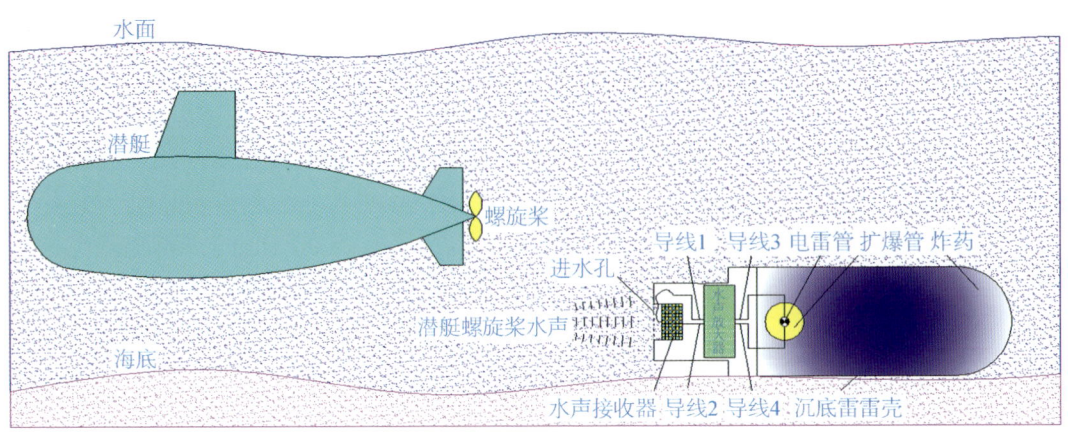

> 图27 声引信原理示意图

能探测水流运动的隐形炸弹——水压水雷

水压水雷是靠水压引信的作用而使之爆炸的水雷。这种水雷头顶上的水压感受器能敏锐地感受到舰船行驶时所产生的水压变化从而引爆炸药炸毁舰船。

需要说明的是，针对水压水雷的原理，世界各国还没有制造出对付水压水雷的扫雷具。因此，水压水雷是一种很难扫除的水雷！

水压水雷的水压引信是如何工作的呢？让我们看看电开水炉自动加水原理就会明白。

大家用过电开水炉，只要打开水龙头（放水阀）就会有开水流出，从不间断。为什么开水用不完呢？原来它内部有高、低水位测量管，当开水用到低水位测量管处时，控制器即控制电磁阀接通进水管加水；当水加到高水位测量管处时，控制器即控制电磁阀关闭进水管，停止加水。

水压水雷的水压引信工作原理与电开水炉自动加水原理相似。

当舰船或潜艇从沉底雷上方经过时，由于舰船或潜艇及其螺旋桨对周围海水的搅动干扰，会在其下方沉底雷处产生水压变化。沉底雷尾部壳体的开孔处安装有橡皮膜，橡皮膜能测量到这种水压变化，水压放大器放大这种水压变化产生大电流，引起电雷管爆炸，进而引爆水雷，毁伤舰船或潜艇。

有人或许要问，海洋每天涨落潮会产生水压变化，水压水雷不是也会被引爆了吗？

实际上，因为沉底雷尾部壳体壁有进水小孔连通，在海水缓慢涨落潮时，进水小孔也缓慢进出水，使得水雷壳体内外压力平衡，水压水雷橡皮膜感受不到有水压变化，水雷就不会被引爆。

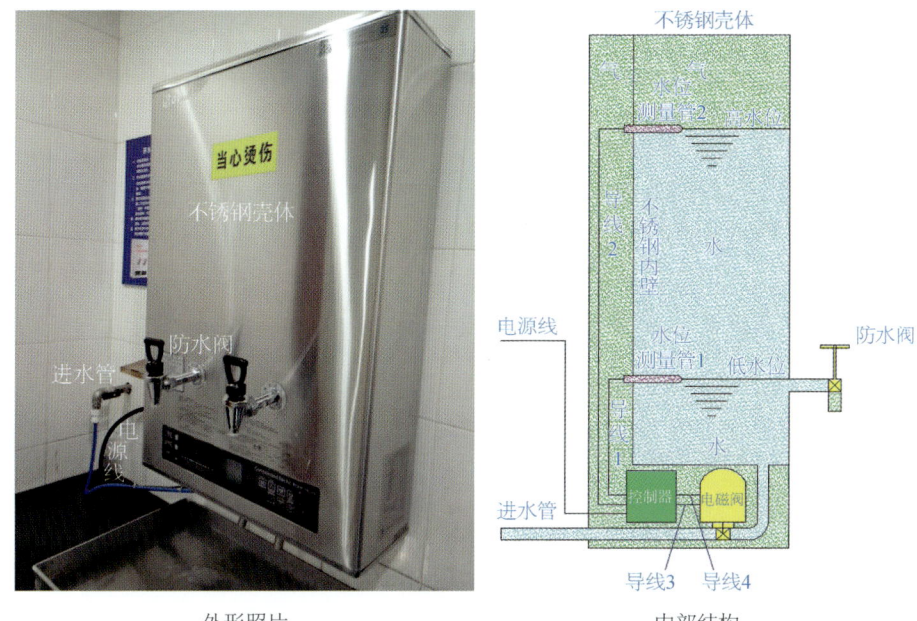

> 图28 电开水炉自动加水原理示意图

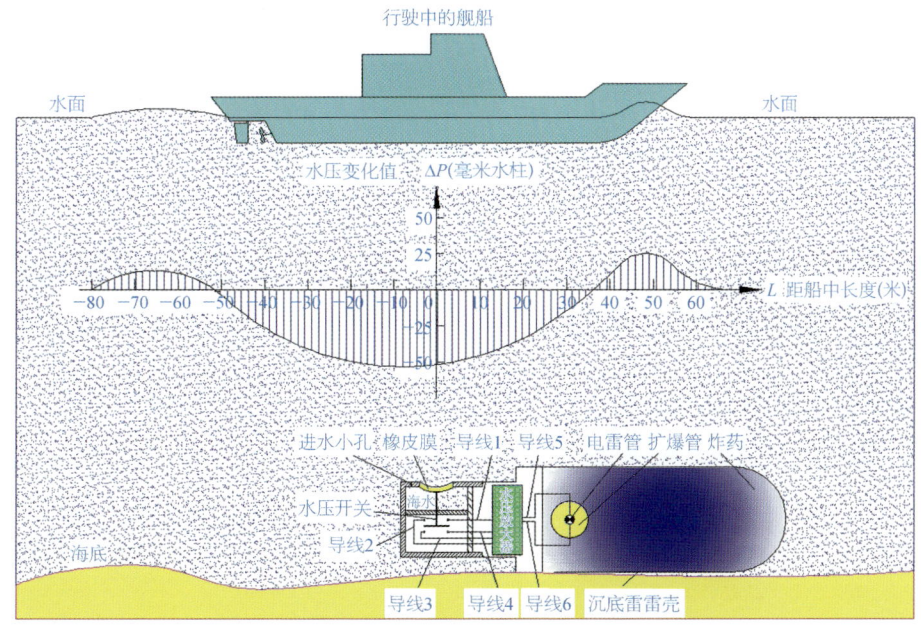

> 图29 水压引信动作原理示意图

水下火箭——短系索火箭自动上浮水雷

短系索火箭自动上浮水雷是一种特殊形式的锚雷，其雷索长度仅有5～10米，平时接近水底潜伏。当目标舰船经过附近时，它接收到舰船的声信号或磁信号就会自动解脱雷索，点燃火箭上浮，寻找目标舰船进行攻击。

短系索火箭自动上浮水雷适应水深主要取决于其壳体耐压强度以及其引信的探测距离，一般不超过300米。

短系索火箭自动上浮水雷一般由雷体、雷索和带有雷锚的雷车三部分组成。

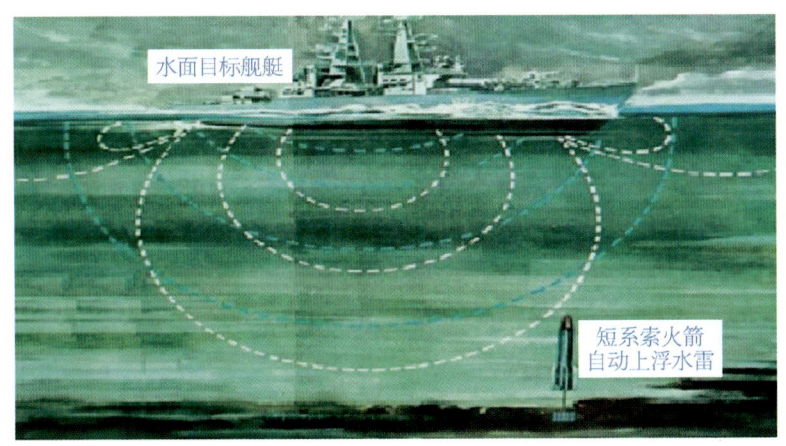

> 图30　短系索火箭自动上浮水雷对水面舰艇的威胁示意图
蓝色虚线为舰艇的声场等强线　白色虚线为舰艇的磁场等强线

> 图31　短系索火箭自动上浮水雷

第1章 水下奇兵——水雷

百变咖秀——自航水雷

通常,水雷由舰艇或潜艇航行到达布雷地点后进行定点布放,水雷不会自己前往布雷点。但是有一种水雷,它同时装有鱼雷的雷身、雷尾以及水雷的引信,可以先像鱼雷那样由舰艇或潜艇的鱼雷发射管发射出去,按设定的要求航行10多千米到达预定地点沉到海底,潜伏下来,"变成"沉底雷不动了,等到其引信探测到经过附近的敌方舰艇或潜艇的物理场时就会爆炸,毁伤敌方舰艇或潜艇。这就是自航水雷,又称为"鱼水雷"。

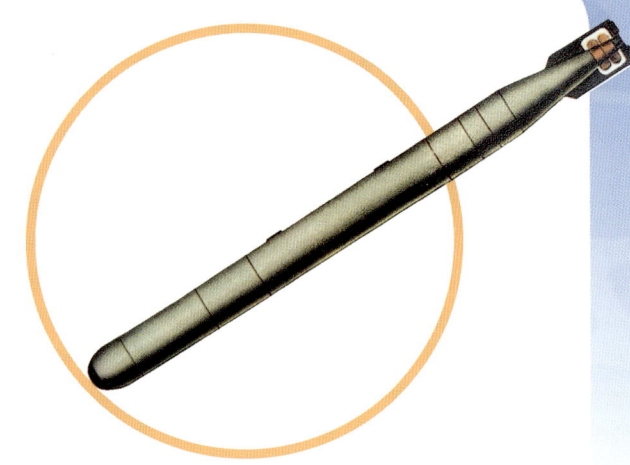

> 图32 俄罗斯 СМДМ-1 型自航水雷外形图

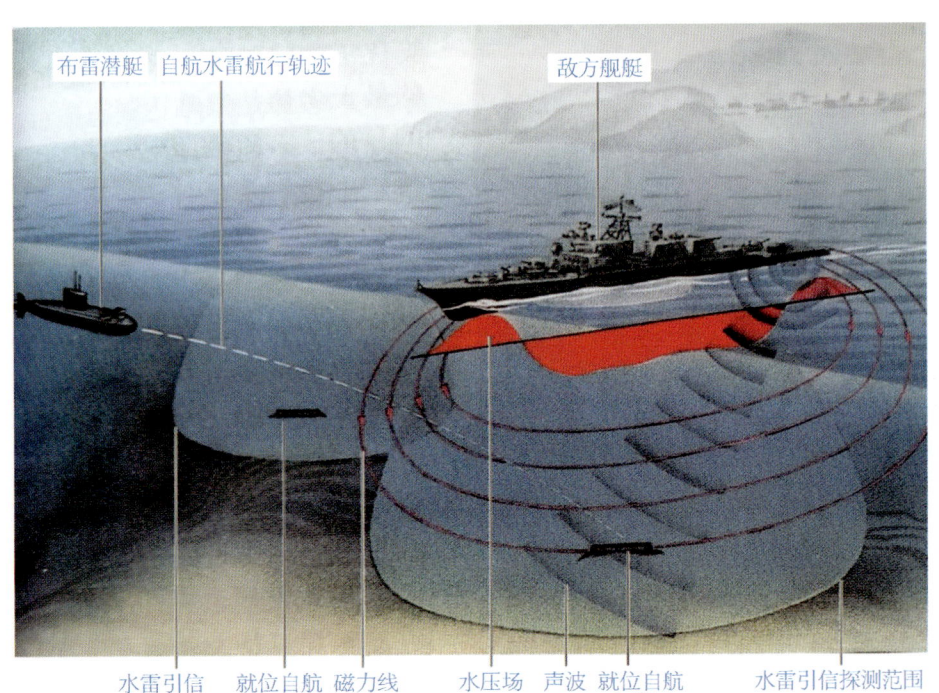

> 图33 自航水雷布放及工作示意图

以柔克刚——软体水雷

大多数现役水雷的炸药装在金属耐压壳体中，具有一定的特征形状，其表面声反射率较大，易被对方水中自航灭雷具探测到。日本发明了一种利用橡胶或高分子化合物等柔软材料作为雷体的软体水雷，由于其声反射率较小，并且布设在海底后形状不定，从而给猎雷系统的探测与搜索带来困难。

德国也发明了一种采用橡胶或塑料膜制成的柔性雷体，内装液态炸药。由于液态装药的声阻和海水的声阻相同，并且柔性药袋在海底呈不同的形状，所以猎雷声呐难以探测到这种沉底或软体水雷。

意大利水雷技术较先进，20世纪末就研制出了著名的玻璃钢外壳沉底雷——曼塔水雷，并且大量出口，成为美国、俄罗斯、英国、法国、德国出口水雷的强有力竞争对手。

外形照片

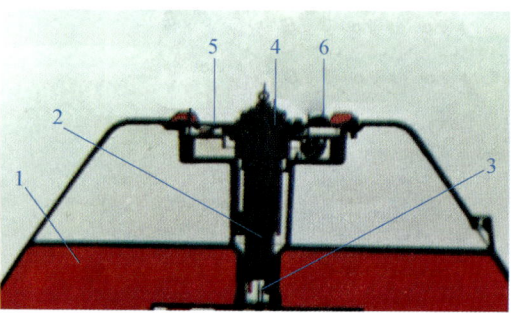

1—主装药；2—扩爆药；3—起爆管；4—起爆装置；
5—发火装置；6—电池

内部结构

> 图34　意大利的玻璃钢壳体水雷——曼塔水雷

"雷"无止境

新引信水雷

以上水雷的引信以探测声场、磁场、水压场这些舰船的常规物理场（通称"老三场"）为基础研制而成。实际上，舰船还有电场、热场、光场、重力场和宇

宙射线场等。

因为舰船上有发电机和用电设备，故在其周围会产生电场；舰船上有柴油机和锅炉等发热设备，故在其周围会产生热场；舰船有较大的质量，故在其经过之处对周围原来的重力场会产生影响；晴好天气时阳光照射透过海水，当舰船经过时对下方海水中原来的光线会产生影响；地球到处充满微弱的宇宙射线，当舰船经过时对周围海水中原来的宇宙射线也会产生影响。

舰船上这些物理场对周围环境的影响比较细微，难以探测和利用。但随着科学技术的发展，探测技术不断提高，将有可能研发出新的水雷引信，例如电场引信、热场引信、重力场引信、光线变化引信、宇宙射线变化引信等。二战后期，水压水雷已用于实战。目前，国内外对水雷电场引信的研究已经取得进展，不久的将来有可能实现突破，形成产品。

第2章
矛与盾的较量
——水雷战

水雷战是海战的一种，是用水雷作为主要武器的海战，包含布雷与反水雷两部分内容。水雷战的作战目的，布雷方主要是为了封锁或毁伤敌方舰船，阻碍敌方军事行动；而反水雷方当然是为了破坏对方的意图，成功扫除水雷，以保障己方舰船和航道的安全。因此，围绕布雷与反水雷展开的水雷大战，就像担当攻击的矛与负责防守的盾一样，你攻我防、互为天敌、互不相让。

然而，不管布雷还是扫雷，两者都离不开一种武器——水雷。

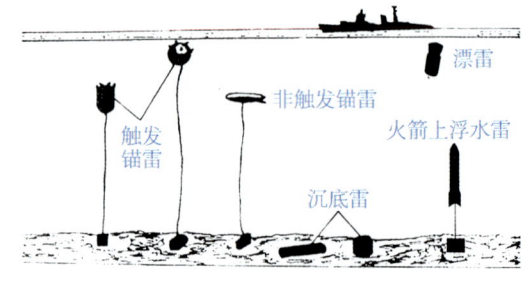

> 图35　水雷对水面舰艇的威胁

既然水雷是水雷战的主要作战武器，那就让我们先了解一下水雷的威力到底有多大吧！

一碰冲天
水雷用于水雷战的威力

正如地雷战的地雷是掩埋在地下一样，水雷战的水雷当然是隐藏在水里；但与地雷不同的是，水雷的体积和威力可大多啦！

锚雷壳体里面装有炸药，用锚和绳索系住浮在水中。小型锚雷装的炸药量（TNT）一般约为100千克，大型锚雷装的炸药量一般约为240千克；沉在水里的小型沉底雷装的炸药量一般约为250千克以下，大型沉底雷装的炸药量一般约为500千克以下。对舰船而言，锚雷是接触爆炸，破坏力会更大。沉底雷虽然是非接触爆炸，但是装的炸药量大，加上海底对冲击波的反射作用，水雷爆炸时产生的冲天水柱高达数十米，对舰船的破坏力也相当大。通常，一枚大型水雷即可炸沉一艘中、小型舰船甚至重创一艘大型舰船，其破坏力令所有舰船都为之胆寒！

为了提高水雷的抗扫除能力，水雷还具有定时、定次开启引信进入战斗状态的能力。不到设定的时间，水雷不工作；敌方扫雷不到设定的次数，水雷不工作。从

第2章 矛与盾的较量——水雷战

> 图36 从扫雷艇上观察水雷爆炸瞬间

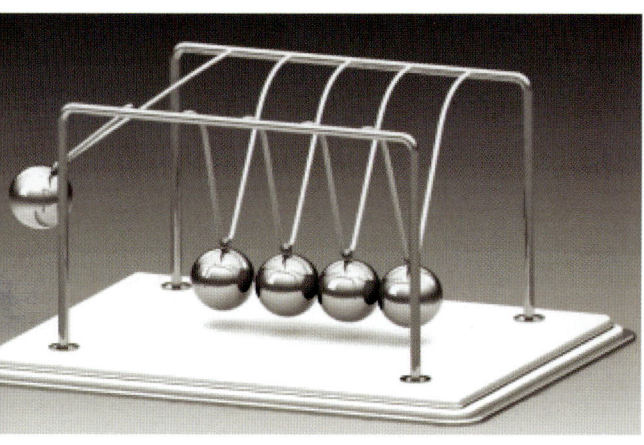

> 图37 牛顿摆球传导示意图

小贴士

水雷的威力为什么巨大

要理解这个问题，我们必须先来认识一个概念，那就是能量传导能力。让我们先看一下牛顿摆球传导示意图。

在牛顿摆球中，最左边的钢球总是能把其大部分能量传递给最右边的钢球；反之亦然。设想一下，如果把中间的3个钢球换成是3块软软的海绵球，牛顿摆还会有这么好的效果吗？

在爆炸时产生的压力波能否得到有效传递，这非常重要。同等炸药的情况下，在空气中爆炸的效果就没有在水下好，这里面的原因是，水的传导能力比空气强。海水的密度大约是空气的835倍，而且空气是可压缩的，水则几乎不可压缩。因此，在爆炸能量传导中，水相当于牛顿摆球中的钢球，而空气相当于摆球中的海绵球。

所以水雷在水中爆炸的威力巨大。

而大大提高反水雷作战的艰巨性。

正因为水雷造价便宜、易布难扫、威力巨大,所以在人类战争的历史长河中,水雷作为一名"斗士",从它诞生的那天起就备受战争的青睐,不知道有多少舰船和潜艇被它的"死亡之吻"送入海底,又不知道还有多少生灵惨遭涂炭。据统计,仅在第一次世界大战(简称"一战")期间,同盟国和协约国交战双方阵营共布设各型水雷31万枚,共击沉舰船148艘、潜艇54艘,炸伤舰船更是不计其数;与之形成鲜明对比的是,各国为数众多的炮舰击沉的舰船仅仅才有几十艘!

攻防兼备
水雷战的分类与特点

水雷战的分类

根据作战任务不同,水雷战可分攻势水雷战和防御水雷战两类。攻势水雷战通常将水雷布设于敌方海区,用于封锁其基地、港口和航道;防御水雷战则将水雷布设于己方控制的海区,以保护港口和沿岸交通线的安全。

水雷战的优点

- 破坏力大。雷体内装的炸药多,战斗威力大。
- 隐蔽性好。特别是沉底雷布设在海底,不易被发现和探测到。
- 威胁时间长。水雷可较长时间构成对敌威胁,有的甚至长达几十年,非常具有战略价值。因此水雷不仅是战术武器,而且也是战略武器。
- 布设简便。海军的水面舰艇、潜艇和飞机都可用来布放水雷;而且商船、渔轮在战时也可征用来布放水雷。
- 费用不高。水雷造价低廉,比如美国生产的MK-62型水压磁引信沉底雷,它的威力不小,但单价只有几千美元。如果在关键区域部署几十枚,就足以让重大港口关闭一周或更长的时间,就算不包括被击中的舰船造价,仅仅经济方面就会造成敌方几千万甚至上亿美元的损失。因此,水雷也被称作为"穷国的武器",水雷战也是弱国对付强国的非对称性作战的有效方式。

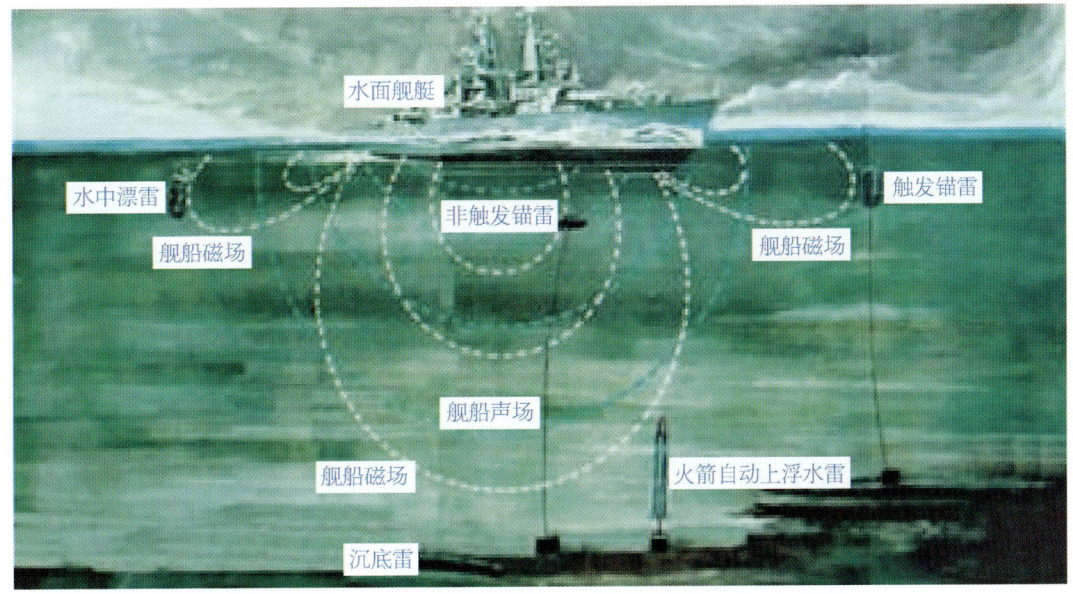

> 图38 水中伏兵——水雷对舰船的威胁

> 图39 美国轰炸机布放带阻尼螺旋桨的磁性水雷

> 图40 美国轰炸机布放带降落伞的沉底雷

"特里波利"号两栖攻击舰触雷事件

1991年2月18日美国排水量18 000吨的"特里波利"号两栖攻击舰在波斯湾北部水域巡航时接连触雷，先是碰到了1枚触发锚雷，船体被炸开一个大口子，进水但船没沉，继续航行；几小时后又引爆了2枚非触发感应沉底雷，使"特里波利"号两栖攻击舰的动力系统受到严重损坏，不得不用拖轮拖到港口修船厂修理。就这样3枚两伊战争期间交战方布设的总造价为7 500美元的俄1908型老式水雷，造成了美军2.8亿美元的重大损失。水雷造成的损失是水雷成本的37 000多倍，可见水雷的性价比高，军事价值重大。

> 图41 美国"特里波利"号两栖攻击舰执行巡航任务与被炸后情形

水雷战的不足

- 动作被动性强。如非触发水雷,要敌舰船航行至水雷引信的作用范围内才引爆;触发水雷则更要敌舰船直接碰撞水雷才能引爆。
- 受海区水文条件影响大。如漂雷因为海区条件的影响会离开预定水域,漂到一些意想不到的地方,有可能产生意想不到的结局。

第2章 矛与盾的较量——水雷战

以小博大
水雷战的作用与经典战例

早在1549年明朝嘉靖年间，水雷就已应用于战争中。那时中国东南沿海经常遭受倭寇侵袭，明朝军事专家施永图发明了世界上最早的漂雷"水底龙王炮"，沿海士兵学会了用这种水中武器抵御来犯的倭寇，并多次在抗击倭寇的海战中毁伤敌船，取得辉煌战绩。从此，世界海战中经常活跃着水雷的身影。

1776年，美国发明家大卫·布什内尔用水密小桶装火药挂在浮球下方制成漂雷，最初把它命名为"鱼雷"，其基本构造与"水底龙王炮"相似。在1777年12月美国独立战争期间，美国用这种"鱼雷"攻击并炸沉了英国当时世界一流的"西勃拉斯"号帆船。后来，人们又将这种"鱼雷"改称为"小桶水雷"，因而这

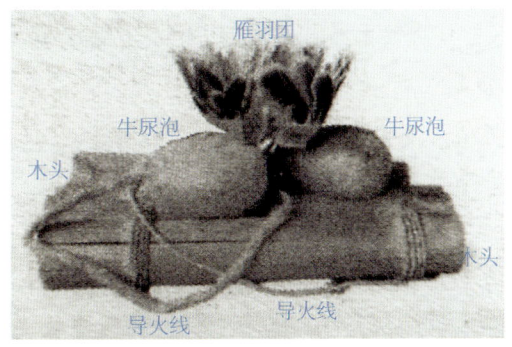

> 图43 "水底龙王炮"漂雷复原模型

次海战也史称"小桶战争"。通过"小桶战争"让"小桶水雷"在世界名声大噪，

"水底龙王炮"

"水底龙王炮"是在牛尿泡（膀胱）内装黑火药及沙石重物，隐藏在木材下，再与类似于鞭炮的引火线相连接，然后固定在浮于水面的羽毛团处作为伪装。当看到海盗船在河流下游出现时，计算好时间点燃引火线，让"水底龙王炮"顺流而下，正好接近海盗船时爆炸，毁伤海盗船。

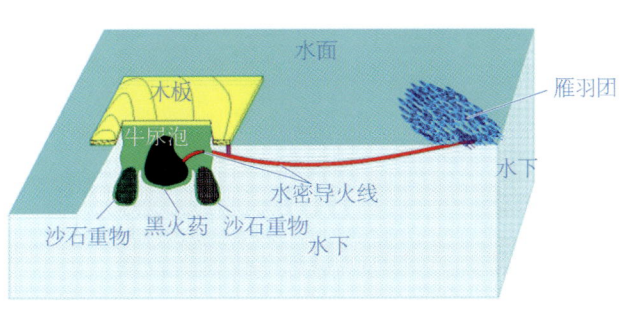

> 图42 "水底龙王炮"示意图

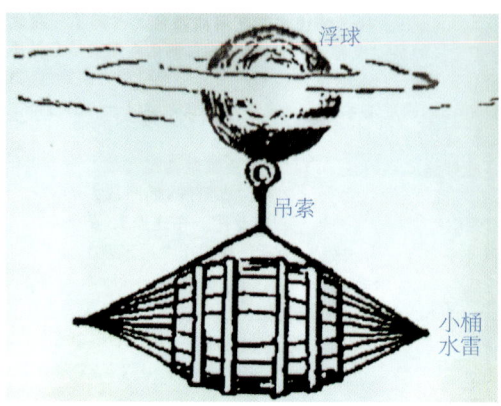

> 图44 美国发明的"小桶水雷"示意图

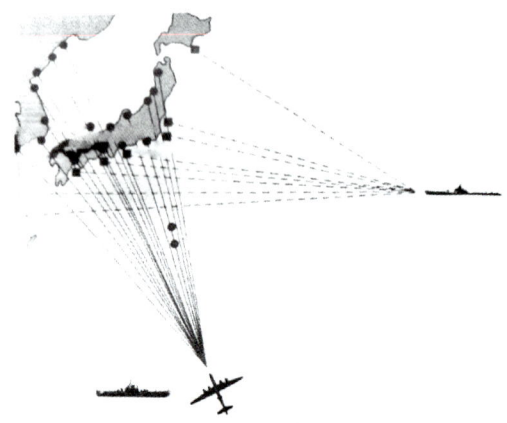

> 图45 "饥饿战役"中美国对日本布雷封锁形势图

也让人们真正了解到水雷在海战中的巨大作用。

水雷在一战中名声显赫，世界各国看到了水雷的威力，于是都纷纷研究水雷和反水雷，这对看似矛盾的工作都得到了快速发展。

到了二战期间，各交战国对水雷的使用达到高峰，除了大量使用锚雷外，还出现了许多新型的非触发水雷，如磁性水雷、声频水雷；战争后期又出现了水压水雷。整个战争中，各国通过水面舰艇、潜艇和飞机先后布设了110万枚各种触发和非触发水雷，共炸毁、炸沉舰船3 000余艘。

由此可见，水雷战在海战中有着举足轻重的地位。下面我们通过三次经典水雷战战例的回顾，领略一下水雷和反水雷的巨大作用吧！

攻势布雷——美国对日本发起的"饥饿战役"

在二战期间，美国对日本发起了著名的攻势水雷战——"饥饿战役"，以封锁日本海上生命线。

日本由于四面环海，海上运输航线成

> 图46 "饥饿战役"中美国B-29轰炸机正在对日本沿海实施布雷

为其经济和军事供给的命脉,一旦航线遭到水雷封锁,就等于被人扼住咽喉。1945年3月27日—8月初,美国以舰船、潜艇布设和B-29轰炸机空投等方式,在日本周边海域布设了12 000多枚水雷。这些"水中伏兵"使日本本土离岛的交通线被截断,重要的生命线——大洋航线由此瘫痪了,日本因此陷入困境,工厂停工,全国大多数人陷入挨饿状态,这无疑加速了日本走向失败的步伐。

> 图47 朝鲜人民军在民船舱内支起角钢架进行运雷和布雷

防守布雷——朝鲜元山港口海域布雷延误美军登陆

1950年6月25日,朝鲜战争爆发。

战争开始不久,朝鲜人民军把美军及其盟军逼迫到朝鲜半岛最南端的釜山地区附近。随后,美军计划先后在半岛西部的仁川和东部的元山登陆,对朝鲜人民军发动钳形攻势,以包抄歼灭朝鲜人民

> 图48 美海军第七舰队"布拉什"号驱逐舰被炸前照片

军。朝鲜人民军为了争取时间组织兵力进行战略转移，9月上旬先后在仁川港和元山港海域布雷，其中元山港海域布雷最为有效和成功。为了隐蔽，布雷行动都是在夜间进行，朝鲜人民军动用了多艘军船、民船（包括货船、渔船和小舢板等）进行布雷，前后共布放各种水雷共3 000多枚，既有触发锚雷，也有非触发沉底雷，各种水雷混合布放，雷区面积约达400平方千米。

9月26日，美军第七舰队"布拉什"号驱逐舰在元山东北面的端川港海域航行时触雷重创，被炸死13人、炸伤23人；同一天，"曼斯菲尔德"号驱逐舰在该海域航行时也触雷被炸，舰艏与主炮被炸毁，最后被勉强拖回港口。

当时美军计划10月20日实施元山登陆作战，要求第七舰队第三扫雷中队在10天之内完成登陆前的扫雷作业。于是10月1—10日，美军纠集本国的9艘扫雷舰艇、日本海军自卫队的8艘扫雷舰以及盟国海军的2艘辅助扫雷艇，合计19艘扫雷舰艇先后参加扫雷作业；但直到10月29日，已经过了计划登陆日期9天，非但没有打通上陆航道，反而损失惨重，多艘舰船被水雷击沉，登陆计划被迫推迟。最终，迫使由美国为首的其他各国5万多登陆兵、250艘舰船在元山外海"游荡"了一个多星期，而朝鲜人民军按时完成了兵力战略转移，保存了实力，实现了布雷作战的意图。

扫雷先锋——人民海军援越扫雷作战

1972年5月8日起，美国以水雷封锁越南北面的海防港及沿海航道、河道，切断越南的作战支援，越南政府请求中国派

> 图49　美国海军"海龙"扫雷直升机拖曳扫雷具进行扫雷训练

（a）第一代遥控扫雷艇

（b）港湾扫雷艇

（c）低磁钢扫雷艇

（d）航标艇改装的扫雷艇

> 图50　赴越南扫雷的四型扫雷艇

海军帮助扫雷。人民海军奉命调集5型扫雷艇共12艘、保障艇4艘，从1972年7月起赴越执行扫雷任务。12艘扫雷艇是分两批赴越的，第一批四型共5艘艇，包括第一代遥控扫雷艇1艘、港湾扫雷艇1艘、低磁钢扫雷艇1艘、航标艇改装而成的扫雷艇2艘；第二批共7艘艇，包括第一代遥控扫雷艇5艘和登陆艇改装而成的扫雷艇2艘。

由于白天美军出动飞机对海上航行的舰船进行扫射和轰炸，人民海军的扫雷艇只能在晚上进行扫雷作业，按照上级确定的"摸、破、避"扫雷作战方针，经过指战员和工程技术人员的艰苦卓绝战斗和顽强拼搏，人民海军摸清了美方布设针对单兵及小艇的MK-42型高灵敏度磁性水雷和针对大中型舰船的MK-52型中低灵敏度磁性水雷的主要作战性能，完成了指定海区的扫雷作战使命，清扫面积达200多平方海里，先后捞获水雷2枚，扫爆水雷48枚，多次获得越南政府的嘉奖和越南人民的赞扬。在扫雷过程中，为了不被美军监听和干扰，第一代遥控扫雷艇改为人工操艇。海军扫雷舰第九大队376艇水雷军士长朱重滨同志驾驶第一代遥控扫雷艇，每次都冲在最前面，直至最后一次进行扫雷作业时，因一枚水雷在离艇不远处爆炸而身负重伤，于1972年12月26日壮烈牺牲，部队为他追记一等功，并被越南追授一等战功勋章和"越南人民的功臣"称号。

> 图51　国际主义战士朱重滨的塑像

> 图52　美国RH-53A型扫雷直升机

　　1973年1月27日美越双方签署停战协议和扫雷协定，美军按照协议的要求于2月6日开始在海防港实施扫雷。

　　美军扫雷派出了4艘进取级远洋扫雷舰、10艘远洋扫雷艇、1艘特种扫雷舰、1艘登陆舰改装的破雷舰，还有作为直升机扫雷中队和陆战队直升机反水雷分队母舰的两栖攻击舰及船坞登陆舰等各类舰艇及扫雷直升机，总兵力达4 000余人。

> 图53　美国20世纪70年代在越南的扫雷艇

美军是在白天不受干扰的情况下进行扫雷作业的,而且是清扫自己布的水雷。

美军首先对中国扫雷队扫过雷的海域进行了一次全面检查,没有发现水雷,评论说:"中国的扫雷很彻底。"

此后,美军花了约2个月时间只扫爆了3枚水雷,却付出了3架扫雷直升机坠毁、12人伤亡,另外还有1艘扫雷舰失火受损的惨重代价。直至4月17日,美军才宣布扫雷结束。

中国海军在越南海防港开创了港湾扫雷作战的典型战例并取得了辉煌战果!

第3章

海上争锋
——布雷与反水雷的较量

布雷与反水雷是矛盾的两个方面：布雷封锁是进攻的一方，是矛；反水雷破除封锁是防御的一方，是盾。两者之间是你死我活的殊死斗争。布雷平台有飞机、水面舰艇、潜艇；反水雷方式有扫雷、猎雷，与布雷针锋相对。

无处不在的布雷

 **飞机布雷**

一般大型轰炸机可充当布雷飞机，此时布放的水雷是带有降落伞的沉底雷。当水雷从飞机下方的开口推下去时，沉底雷尾部的降落伞被打开，水雷减速下降，比

> 图54 美国轰炸机机翼下挂有带阻尼螺旋桨的磁性水雷局部图

> 图55 美国轰炸机布放带阻尼螺旋桨的磁性水雷特写图

第3章 海上争锋——布雷与反水雷的较量

较慢地落入水中，沉到海底。

美国海军有一种带阻尼螺旋桨的由航空炸弹改成的水雷，例如在越南战争期间布放的MK-42磁性水雷。

水面舰艇布雷

大多数水面舰艇在甲板上铺设雷轨，可以进行人工布雷。

世界上少数国家有自动化专业布雷舰，布雷系统是自动化专业布雷舰的重要装备。布雷系统由多个部分组成：

- 液压转桥式布雷机，用于精确布雷。
- 布雷控制仪，内有专用的微型计算机实时控制功能，用于输入布雷舰的布雷实施计划，发出脉冲信号来控制各布雷机自动布雷，它是整个布雷系统的指挥中心。
- 综合导航台，用于接收导航定位信号，然后发送给布雷控制仪；布雷控制仪按定位信号及布雷计划中设定的投雷点的地理坐标，发出实际投雷点的坐标和时间等数据进行布雷。
- 液压运雷装置，用于机械运雷；布

> 图56 某型反潜护卫舰艉部甲板铺设有雷轨用于布雷

> 图57 液压转桥式布雷机

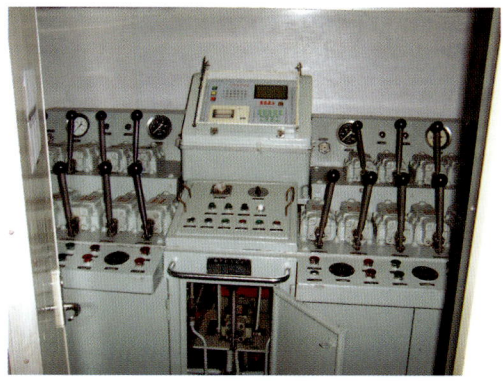

> 图58 布雷控制仪

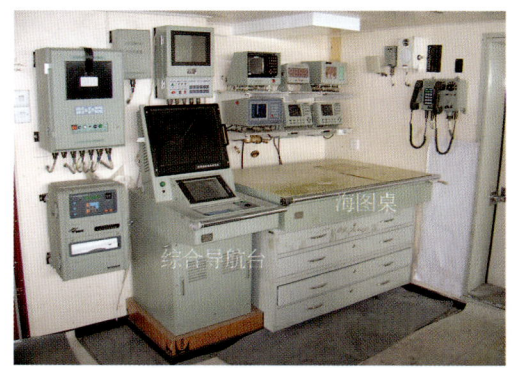

> 图59 综合导航台与海图桌布置在一起便于标图作业

雷控制仪控制运雷装置将水雷及时、准确、安全地逐个输送给布雷机，由布雷机自动布雷。

> 图60 液压运雷装置

• 大型液压起重机，用于从码头吊装水雷。

> 图61 大型液压起重机

第3章 海上争锋——布雷与反水雷的较量

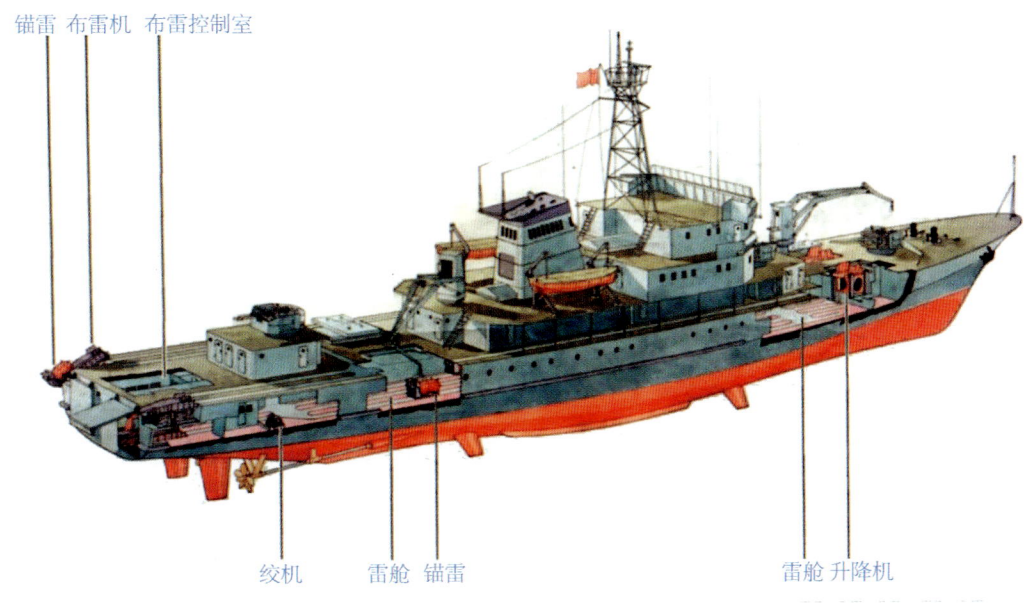

> 图62 自动化布雷舰剖视图

专业自动化布雷舰上设置有专用水雷甲板、水雷舱室、起重机、升降机、运雷装置、布雷机、导航台、控制仪等，水雷装载量大（约200枚），布雷速度快，水雷布设位置精确、误差小，可连续作业，是战时应急设置海上封锁障碍的"高手"。

舰上甲板后半部是水雷甲板，两舷各有一条雷轨相互连通，甲板后部有能够翻转倾斜的布雷机（紫色倾斜架）和将要下滑的锚雷（红色雷体及紫色雷车）、控制舱室（在尾炮下方，内有定位仪及控制设备）；甲板下方是从舰艏到舰艉的雷舱，其内部有多条雷轨（两条黑线夹着浅灰色带状物）、一个锚雷（红色雷体及紫色雷车）、一台绞机（牵引水雷用的绞机，紫色物体）、雷舱室首部有两台升降机（右舷的一台升降机为橘红色带两个黑色圆孔）。

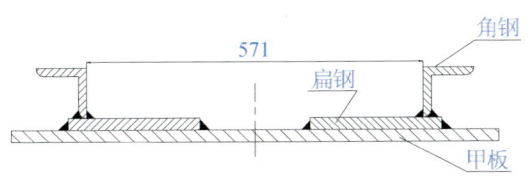

> 图63 雷轨横剖面图

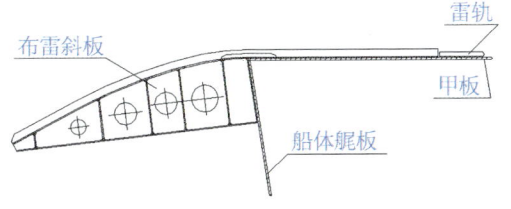

> 图64 布雷斜板侧面剖视图

> 图65 锚雷布放过程示意图

锚雷布放过程：
① 锚雷已经位于舰艉；
② 投放出去的锚雷由于惯性力沉入水中；
③ 因为锚雷的雷车气箱尚未进水，具有浮力，锚雷又浮到水面；
④ 定深锤靠自重拉出设定好的定深索；

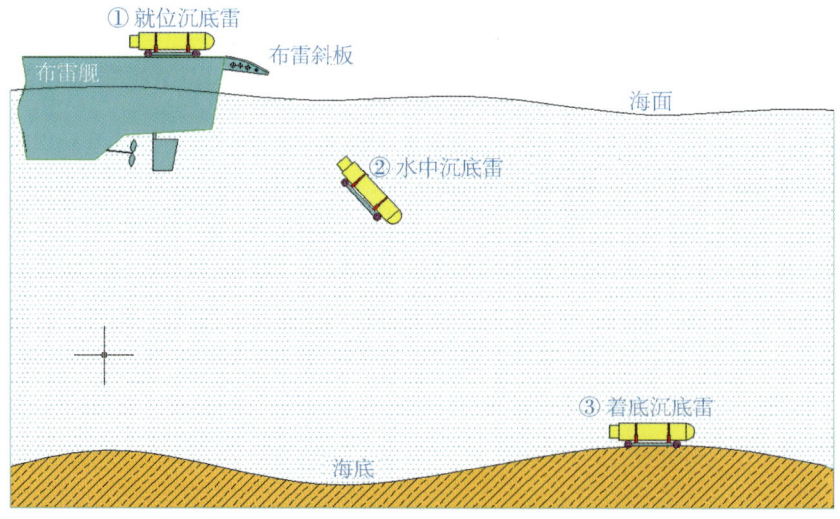

> 图66 沉底雷布放过程示意图

⑤ 进了水的气箱使雷车往下沉，锚雷的雷体具有正浮力浮在水面同时从气箱内拉出锚雷的雷索；

⑥ 定深锤碰到海底，定深索失去拉力，雷索卷筒的弹簧力锁住卷筒，停止放出雷索；

⑦ 进了水的气箱还使雷车拉锚雷的雷体往下沉，直至雷车沉落至海底，同时锚雷的雷体被拉至水面以下的深度等于定深索的设定长度；

⑧ 锚雷的触角保护罩因为糖块解脱装置起作用而被弹出，锚雷的触角处于工作状态。

沉底雷布放过程：

① 将布放的沉底雷在舰艉就位；

② 投放出去的沉底雷在水中下沉，接通水压开关；

③ 沉底雷不具有浮力，直接沉至海底，延时接通开关延时半小时接通引信工作电路，从而保证布雷舰安全离开。

 潜艇布雷

潜艇布雷是利用潜艇上的鱼雷发射管发射水雷，只适用直径与鱼雷相同的圆柱形雷体的水雷，通常是沉底雷；沉底雷的长度设计为鱼雷长度的一半，这样一个鱼雷发射管可装两枚沉底雷，效率提高一倍。有些火箭上浮水雷也设计成圆柱形，直径和长度与鱼雷相当，也可适用潜艇布雷。

> 图67 潜艇装填水雷为实施布雷作业做准备

> 图68 潜艇发射水雷效果图

多种多样的反水雷方式

扫雷

扫雷是海上反水雷作战的主要方法。在扫雷舰艇上设有专用于扫除水雷的扫雷具。

赤膊上阵——接触扫雷

接触扫雷是扫雷战士通过扫雷具与水雷直接接触的方式扫除水雷的作业方法。扫除敌人布设的各种触发锚雷,通常采用接触扫雷方式,由扫雷舰艇拖带接触扫雷具在有雷海区航行。扫雷具由展开器在水中展开到一定的宽度,并由定深器控制在水中一定深度上。

接触扫雷具主要分为以下几种。

一网打尽——把捕鱼变为捕雷的网式扫雷

大家都知道拖网渔船捕鱼作业的方法:一条渔船拖曳可展开的渔网,或两条渔船相隔一定距离共同拉一张大渔网,齐头并进,渔网经过之处大于网眼的鱼都被捕捞。

网式扫雷具类似于渔船的拖网,扫雷

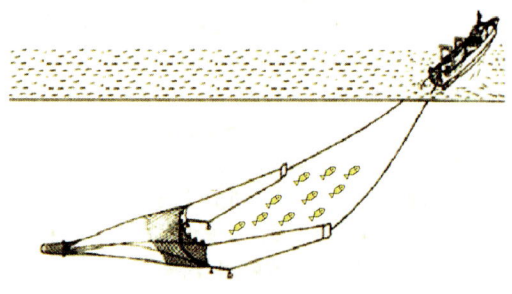

> 图69 拖网渔船作业示意图

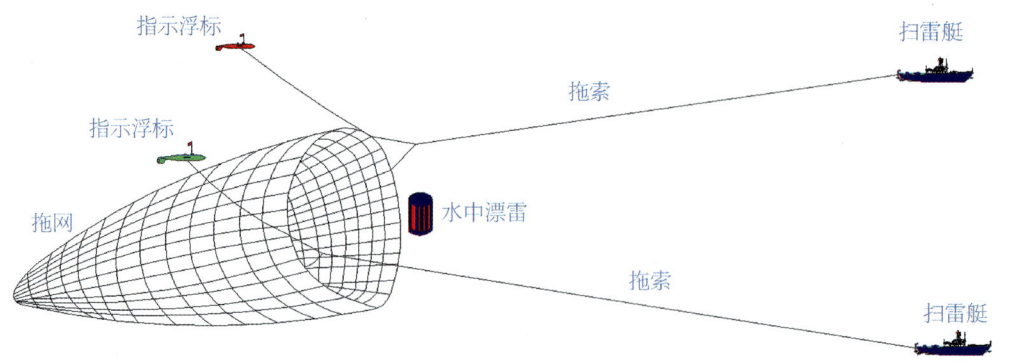

> 图70 双艇拖曳的网式扫雷具示意图

舰艇拖曳网眼大小合适的拖网捞取水面漂雷和水中漂雷，拖到浅水区进行处理。它主要由拖网、拖索、三眼板、分支索和指示浮标等部分组成。

网式扫雷具是一种较为早期简单的，也是一种最直接的扫雷方法，随着科技的发展，将会被更新更安全的方法所代替。

水下利刃——截割扫雷

截割扫雷具就是用割刀直接割断雷索的一种扫雷工具。截割扫雷利用扫雷舰艇后面拖曳的扫雷索上装有的专用割刀（例如楔形割刀、铣刀式割刀、爆破割刀等）割断锚雷雷索，使锚雷雷体浮出水面。当锚雷雷体浮出水面后，再用舰艇上的小口径火炮予以击毁。

截割扫雷具主要由拖索、扫索、定深器、展开器、支持浮体、指示浮标和割刀等组成。

A. 截割扫雷具的种类

截割扫雷具既然是对付水雷的水下利刃，而割刀又有多种，主要有：

● 楔形割刀，由2片工具钢制造的锋利刀片装在刀架上。为保证割刀在水中拖曳时刀口朝外，刀口另一边设有平衡板。为便于割刀安装在扫索上，用铁夹、楔子

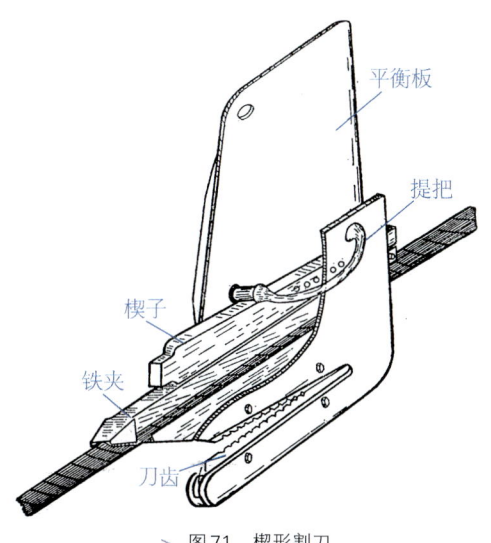

> 图71　楔形割刀

> 图72　截割扫雷具用楔形割刀截割锚雷雷索示意图

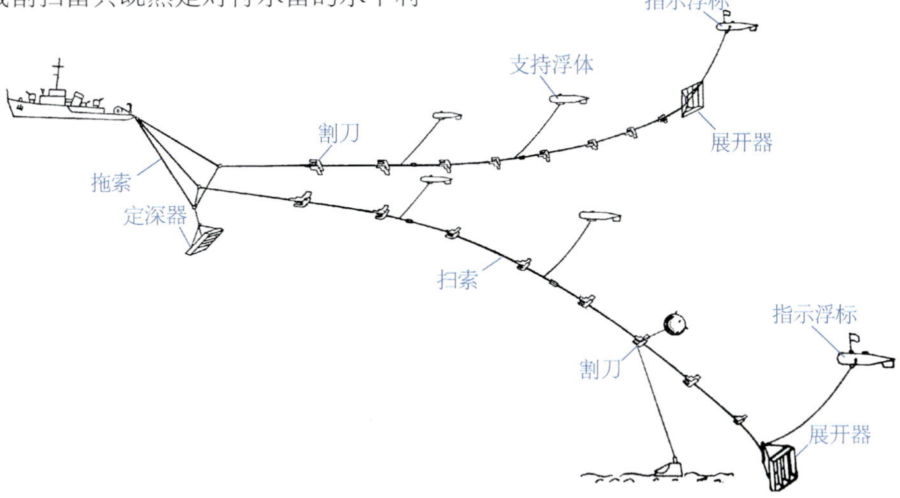

和提把夹住扫索,并用插销将楔子固定,使割刀在扫索上不会来回活动。

如果用楔形割刀割不断带有抗扫雷链的锚雷雷索,此时带有抗扫雷链的锚雷雷索卡在楔形割刀的楔口里,扫雷舰艇只能将该锚雷拖至浅水区进行处理。

• 圆柱形铣刀,在其表面的8条棱角上开有刀齿。当扫雷舰艇以一定航速拖曳带有铣刀式割刀向前运动时,能够铣断锚雷的钢丝绳雷索;如果此段铣刀式割刀组没有铣断锚雷的钢丝绳雷索,可滑向后面的割刀组继续铣削,直到铣断为止。

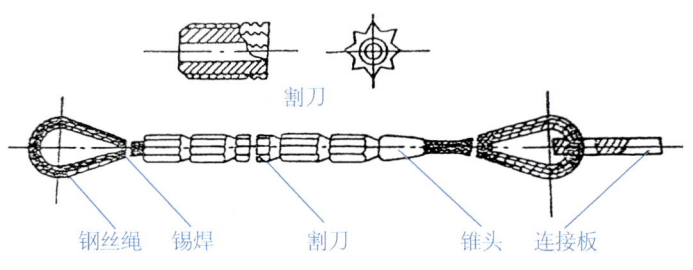

> 图73 铣刀式割刀组构成图

> 图74 铣刀式割刀组在装配过程中

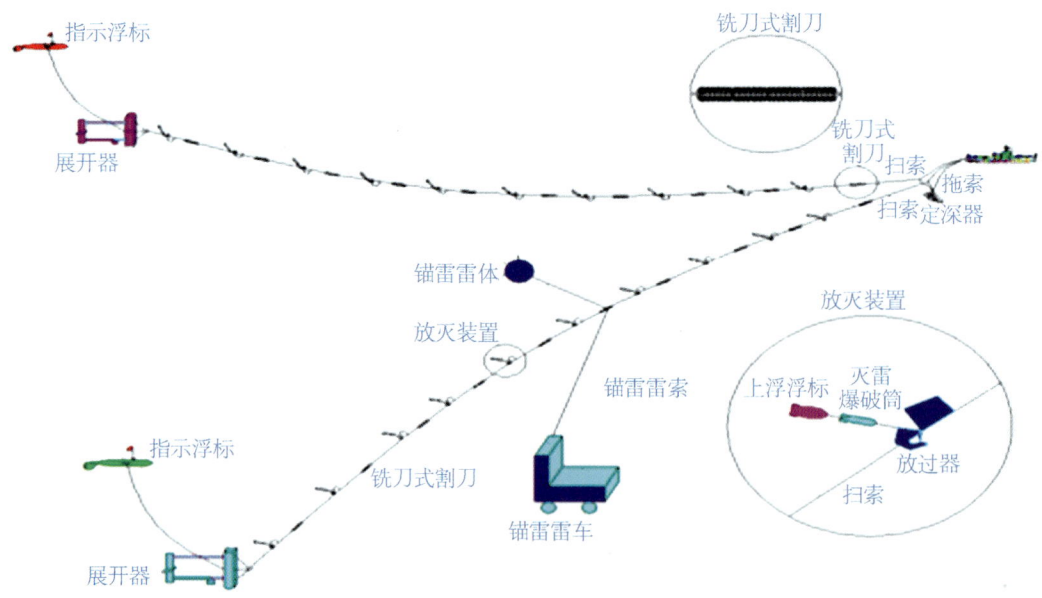

> 图75 接触扫雷具用铣刀式割刀组截割锚雷雷索示意图

B. 截割扫雷具形式

截割扫雷具分为沿底截割扫雷具和截割爆破扫雷具。

- 双刃利剑（舰）——沿底截割扫雷具

短系索火箭自动上浮水雷布放于海底，其锚索长度仅有5～10米，而水面进行定深的常规截割扫雷具无法接近海底，必须使用专门沿海底定深的沿底截割扫雷具进行扫雷。

- 割不断就炸——截割爆破扫雷具

截割爆破扫雷具是在铣刀式割刀组后面装有爆破筒，铣刀式割刀组割不断锚雷雷索时，锚雷雷索滑向后面的爆破筒，雷索压迫爆破筒上的击发机构，击发雷管引起爆破筒爆炸，将锚雷雷索炸断，使雷体上浮，再用火炮击毁雷体。

此时虽然连接爆破筒的扫索被断开，但是原先的预备索还连着断开的扫索，扫索最终还是相连的。

该型扫雷具主要由拖索、扫索、定深器、展开器、调节浮体、指示浮标、割刀、预备索和爆破筒等组成。

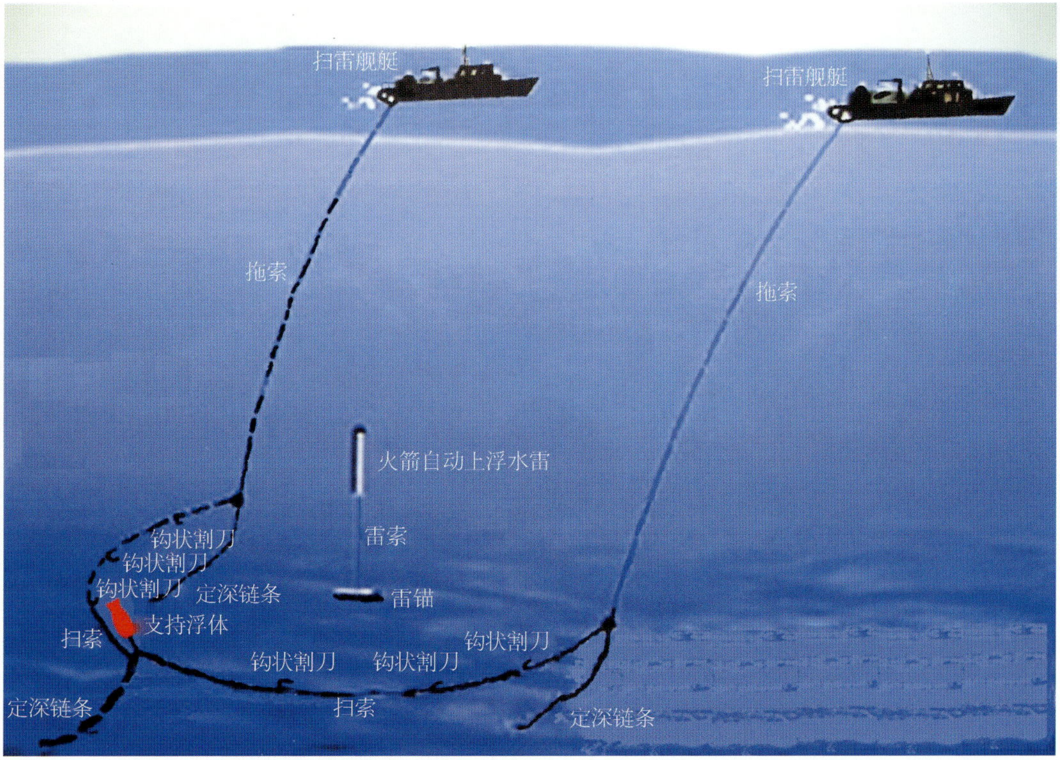

> 图76 双舰拖带深水ЗМП型沿底接触扫雷具扫除火箭上浮水雷效果图

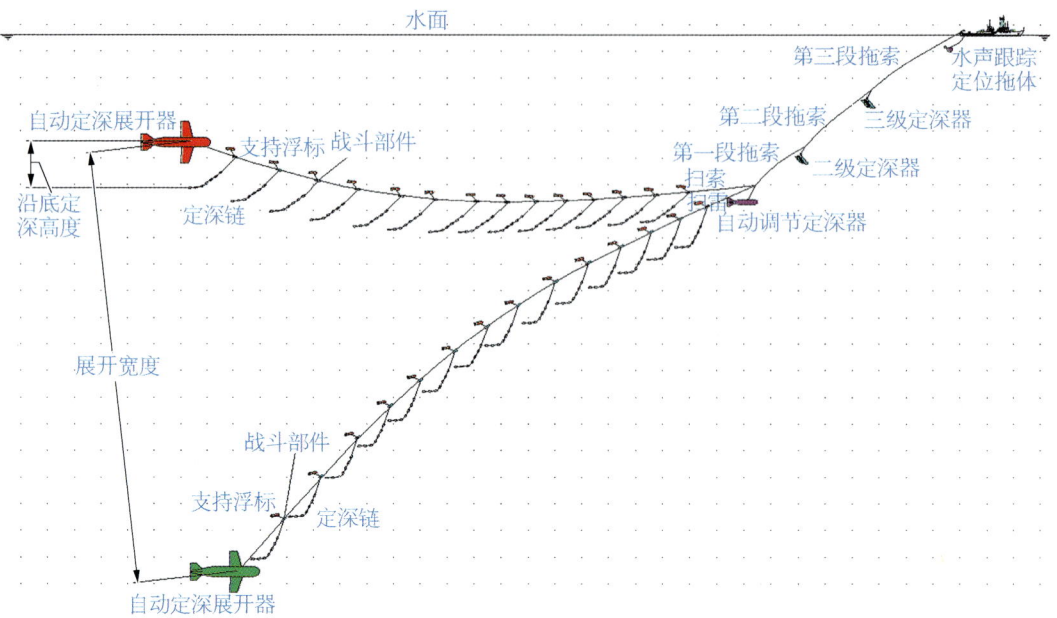

> 图77 俄罗斯 ΠΠΤ 型单舰拖带深水沿底接触扫雷具示意图

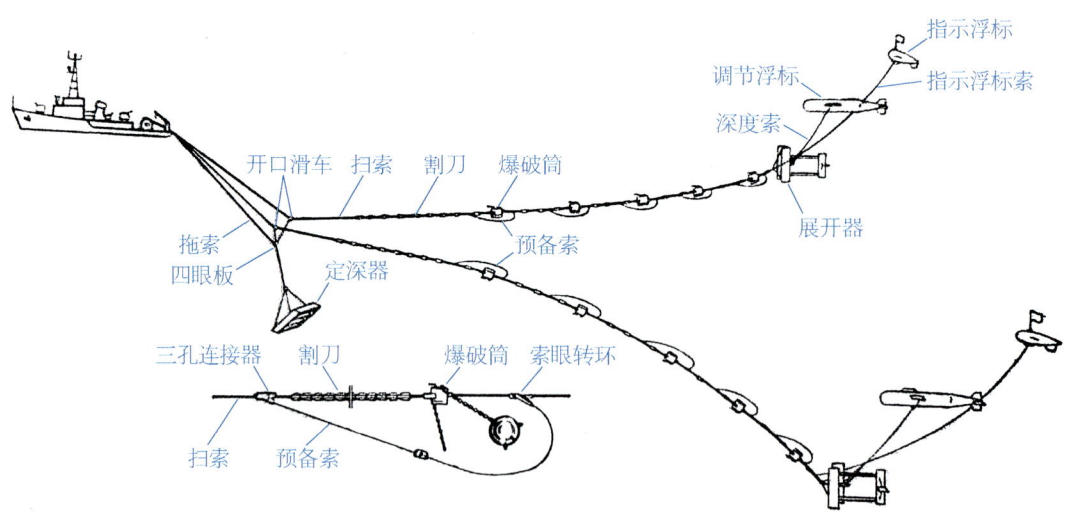

> 图78 截割爆破扫雷具用爆破筒炸锚雷雷链示意图

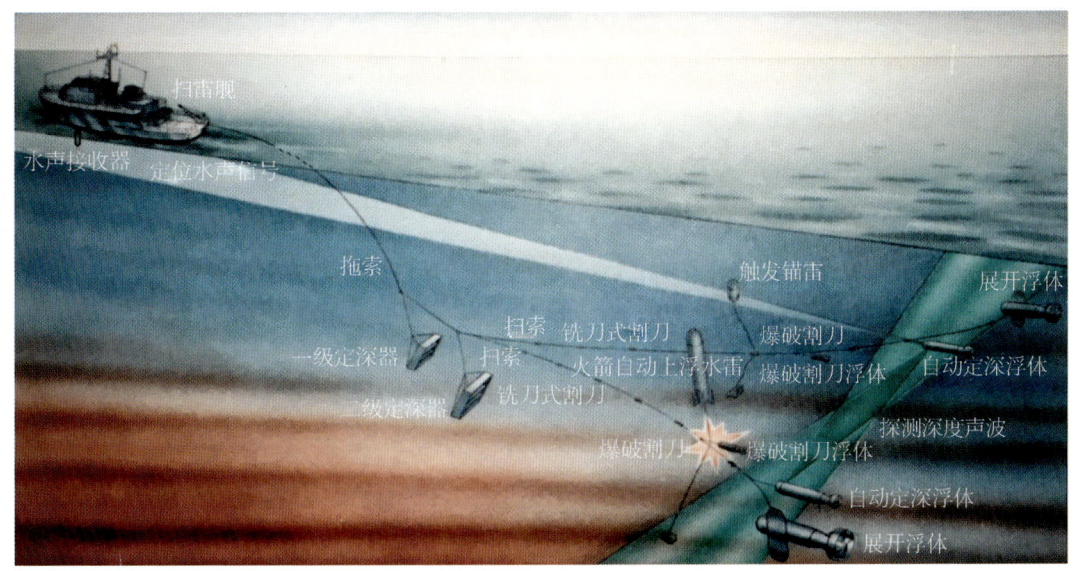

> 图79　俄罗斯ГКТ-3型深水截割爆破扫雷具

隔空探物——非接触扫雷

非接触扫雷是利用扫雷舰艇上的非接触扫雷具所产生的物理场来诱发水雷引信动作而引爆水雷。如声频扫雷具（又称音响扫雷具）所产生的声场可以引爆声频引信的水雷，电磁扫雷具所产生的电磁场可引爆电磁感应引信的水雷，而将这两种扫雷具同时使用，则可同时扫除上述两种引信的水雷和声、磁联合引信的水雷。

非接触扫雷系统主要是指以声、磁或水压等方法制成的扫雷具。大多数现代制造的水雷可使用任何一种或三种引信多管齐下，而声、磁、水压多种扫雷具的方式组合可实施扫爆。

扫雷时，扫雷舰艇拖带非接触扫雷具航行，并向扫雷具通电使其工作，当扫雷具产生的物理场特性与水雷引信种类相吻合时，即可引爆水雷。

非接触扫雷有以下几种形式。

磁性攻击——电磁扫雷

电磁扫雷具是用通电产生磁场的方法来扫除各种磁引信水雷的非接触扫雷具。

电磁扫雷具有多种形式，最常用的有下列几种。

- 电极式电磁扫雷具

约200年前，科学家发现在给导线通电时，能使旁边的小磁针改变方向，从而表明电流周围存在磁场。

磁场方向与电流方向的关系，这可以用"右手螺旋定则"确定：用右手握住导线，使拇指朝向电流的方向，与拇指垂直的其余四指所朝的方向就是磁力线方向。

电极式电磁扫雷具是利用一长一短两根扫雷用浮水电缆拖在舰艉，每根电缆后面又连一根裸露的铜电极。当舰上的扫雷发电机组向浮水电缆通电后,电流便以含盐海水为导电介质构成回路,在浮水电缆有效部分(即长短浮水电缆电极之间)会产生磁场,诱发磁性水雷引信动作使其爆炸。在长短浮水电缆重合部分,则因电流方向相反,磁场相互抵消,从而保证扫雷舰艇本身的安全。

该型扫雷具主要由长电缆、短电缆、电极等组成。

● 环圈式电磁扫雷具

环形电流同样可产生磁场,从环形电流的磁场示意图中可以看出环形电流的磁场磁力线方向。环形的局部线段可以近似看作直线,用"右手螺旋定则"来确定其磁力线方向。

环圈式电磁扫雷具是利用拖在舰艉的输电缆向环圈电缆输送电流在环圈电缆圈内外产生磁场,诱发磁性水雷引信动作使其爆炸。在输电缆重合部分,则因电流方向相反,磁场相互抵消,从而保证扫雷舰艇本身的安全。

● 螺旋管式电磁扫雷具

螺旋管式电磁扫雷具是如何工作

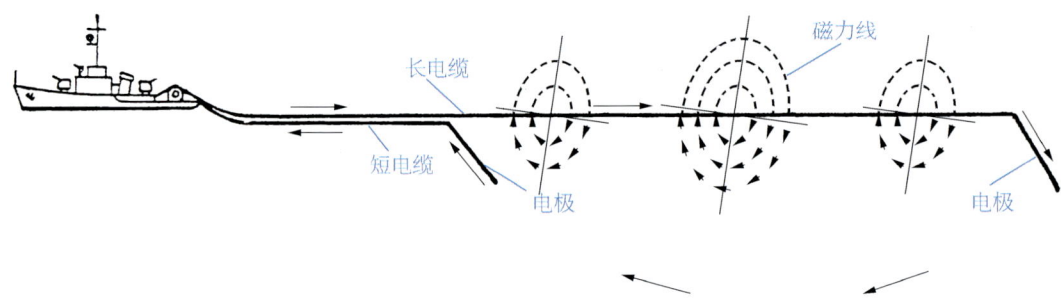

> 图80 电极式电磁扫雷具原理图

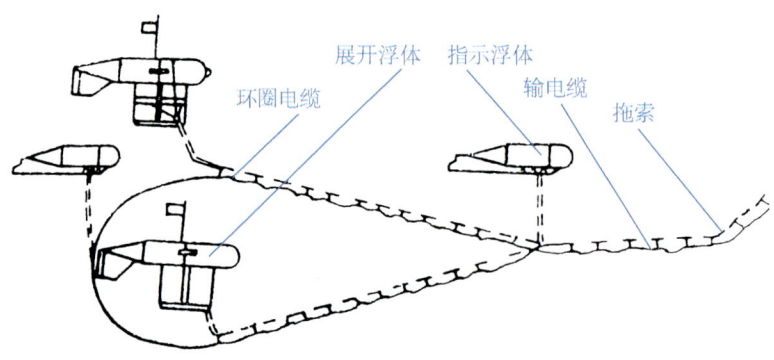

> 图81 苏联的ПЭМТ型环圈式电磁扫雷具组成图

第3章 海上争锋——布雷与反水雷的较量

电的导线组成电磁线圈，再装入非铁磁材料的水密壳体内，使其具有少量正浮力，形成磁体，犹如水中电磁铁，产生强大的磁场，发射到远处可扫除磁引信水雷。

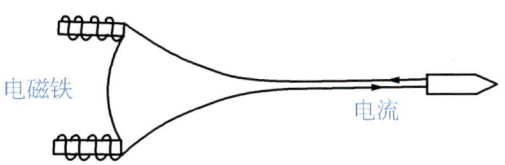

> 图84 螺旋管式电磁铁扫雷具示意图

用多个磁体（一般是4～6个）可组成螺旋管式线列阵电磁扫雷具。对这种线列阵电磁扫雷具的各个磁体通以不同的电流，就可模拟不同舰船的磁场，扫除那些专门对付友舰的智能水雷，达到保证被导航的友舰安全的目的。

> 图82 起重电磁铁通电后吸起大量废旧铁制品

> 图83 起重电磁铁断电后离开

的呢？

原来起重电磁铁是根据螺旋管电流产生磁场的原理工作的。

螺旋管式电磁扫雷具与起重电磁铁工作原理相似，是在厚壁钢管外面绕上可通

起重电磁铁的磁力

假如废品场地堆放了大大小小的各种形状废旧铁制品要装到卡车上运走，若用吊车的吊钩一件一件地吊，太费事了；如果把吊钩换掉，变成用当中是圆形铁心、外圈绕上导线组成的起重电磁铁，向导线通电产生强大磁场吸住废旧铁制品，再吊到卡车上敞开的车厢里，然后断电，废旧铁制品就自动留在车厢内，起重电磁铁离开，又方便又省事。

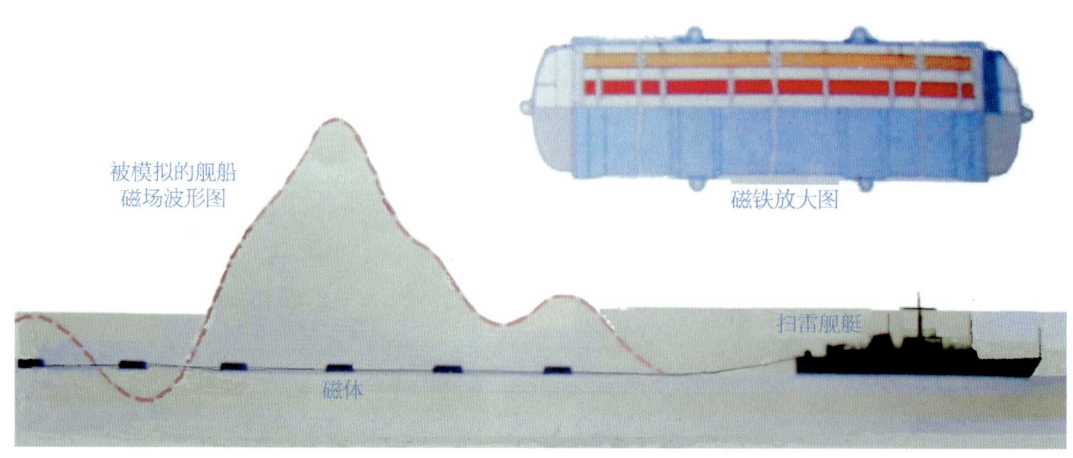

> 图85 英国"海蛇"螺旋管式电磁扫雷具组成示意图

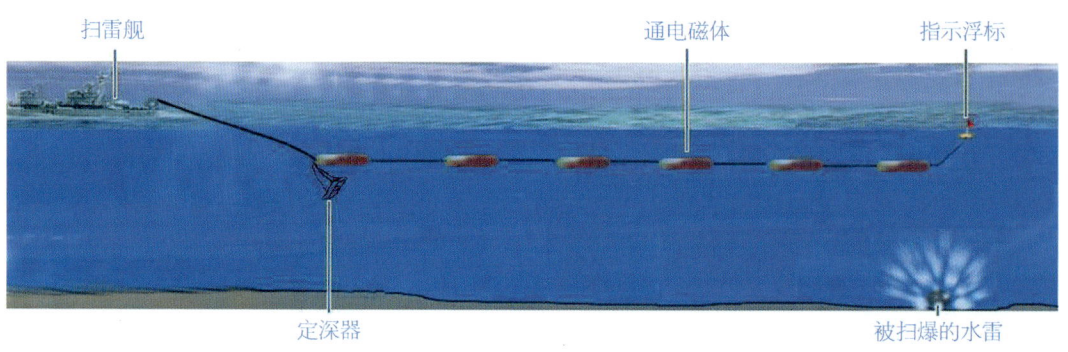

> 图86 英国"海蛇"螺旋管式电磁扫雷具扫爆水雷效果图

仿声破雷——声频扫雷

在欢庆节日时,大家都见到过敲锣打鼓,当人们用锤敲打锣鼓时,会发出震耳的声音。同样,舰艇在海上航行时,螺旋桨在水中高速转动,搅动海水,类似于在水中敲锣打鼓,也会向水中发出声音,只是因为传播介质不一样以及空气与水的界面反射作用,这种声音只能在水中听见,称为"水声"。根据这一原理,可做成声频扫雷具。

声频扫雷具如同在水中敲锣打鼓,是在水中模仿一种类似的声音,通过模拟仿制水雷可能接收到舰船或潜艇声的信号,包括推进器噪声、液压机械声和轮机声,以引起水雷的声引信动作来引爆水雷。

声频扫雷具的构造主要由发声器、输电缆、拖曳钢索及供电设备等组成。其中发声器的工作原理是供电设备向发声器内部的电动机供给恒定电流或脉冲电流,电动机带动锤击机敲击下方的振动板向水中

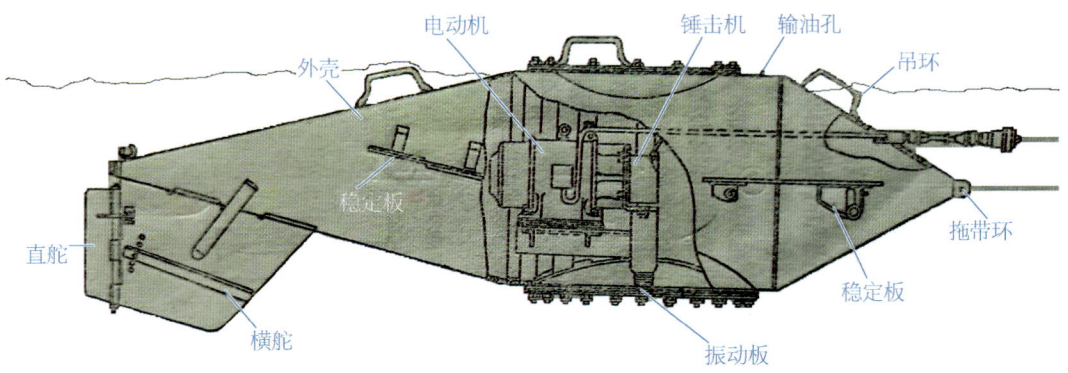

> 图87 俄罗斯 БАТ-2 声频扫雷具发声器外形及内部结构图

发出恒定强度及频谱，或按脉冲变化强度及频谱的声场，以扫除具有声引信的水雷。

伪装潜艇——水压扫雷

当舰船静浮于水面或潜艇静处于水中，不会对其周围的水介质产生任何扰动，因而不会引起周围水压的变化。当舰船或潜艇航行时情况就不一样了，船体的水下部分会对其周围的水介质产生扰动，引起周围水的压力变化，这一压力变化就称为舰船水压场。

为了产生水压场，许多国家海军都想出在水下使用拖曳式水囊模拟潜艇水压场的办法。拖曳式水囊外表用橡胶混合尼龙丝网制造，配有进水螺塞和出水螺塞。平时可折叠存放，用时边充水边布放。用拖索拖曳在扫雷舰艇艉部，配备定深器使它下沉，再用指示浮标和深度索将它支持在合适的深度处，以适当的航速前进，使它在海底产生所需的水压场，又不至于离海

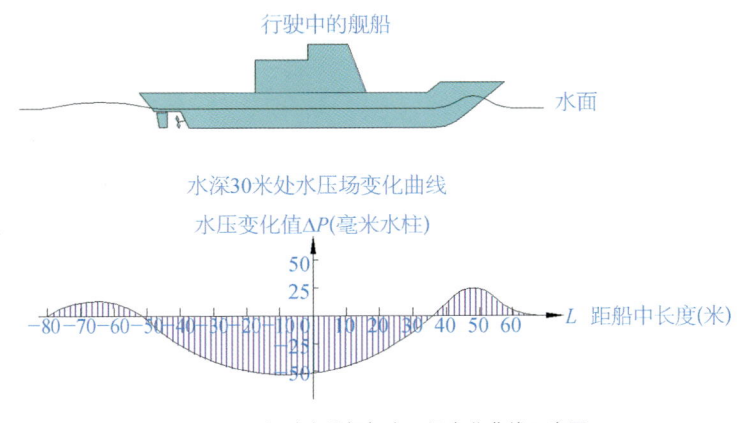

> 图88 行驶中的舰船水压场变化曲线示意图

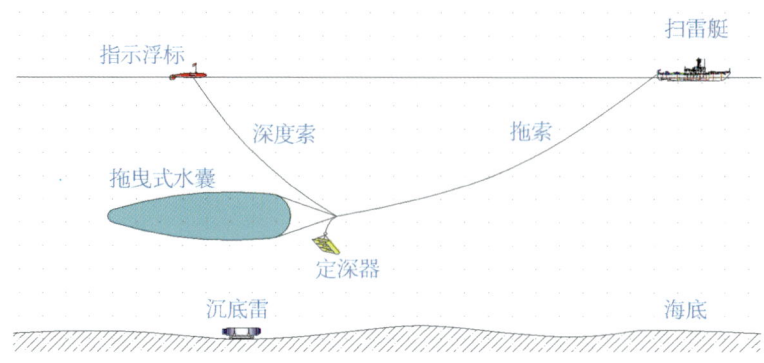

> 图89 拖曳式水囊水压扫雷具示意图

底太近被水雷炸坏。

坐艇观斗雷——无线电遥控扫雷

大家小时候都玩过遥控玩具，例如遥控小汽车、遥控小飞机和遥控小游艇等。小朋友手里拿着遥控器，只要按压起动开关，小汽车就能行驶、小飞机就能飞翔、小游艇就能航行，真好玩。

遥控玩具怎么会按小朋友的想法做动作的呢？原来小朋友手里拿的遥控器里面装有电池、小型无线电波发射机和拉杆天线，小朋友按压起动开关，无线电波就会从拉杆天线发出，并且传到遥控小游艇的钢丝天线上，通过电线1再传到艇的无线电波放大器里，放大了的信号通

（a）遥控小游艇离码头

（b）遥控小游艇出港

（c）遥控小游艇离港

> 图90 遥控小游艇出航照片

第3章　海上争锋——布雷与反水雷的较量

> 图91　遥控器与遥控小游艇无线电波传播示意图

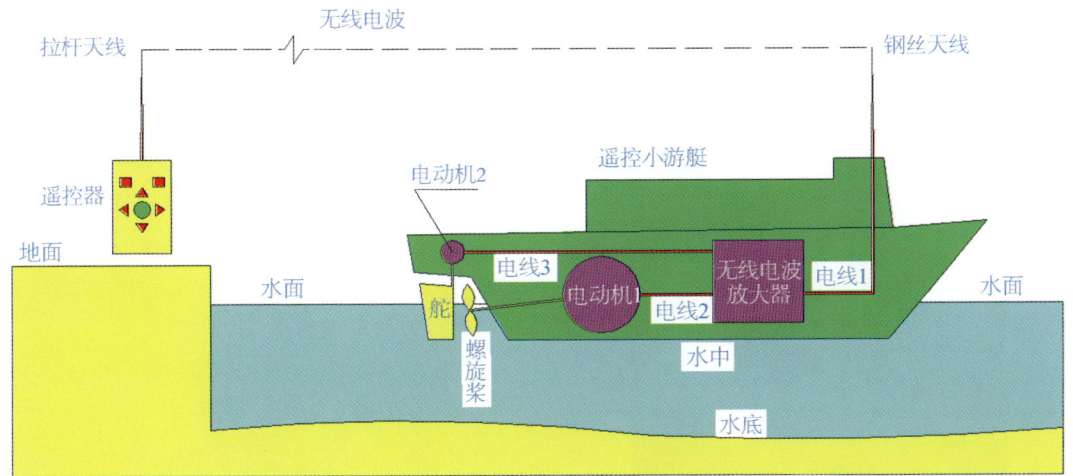

> 图92　遥控小游艇工作示意图

过电线2传到电动机1上，电动机1就会带动小游艇的螺旋桨转动，使小游艇前进；如果小朋友按压转向开关，放大了的信号通过电线3传到电动机2上，电动机2就会带动小游艇的舵转动，艇就能转向拐弯。

水雷战舰艇

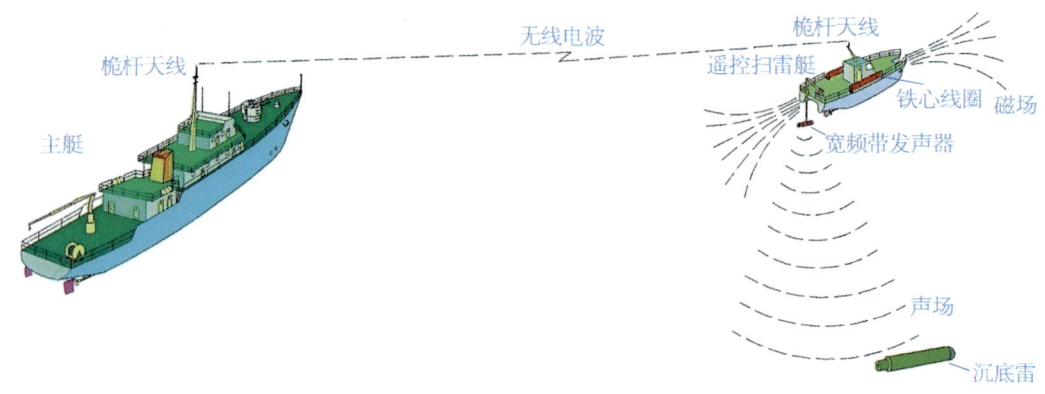

> 图93　遥控扫雷艇工作示意图

遥控扫雷艇工作原理与遥控小游艇工作原理相似，只是采用功率更大且功能更多的遥控扫雷控制台代替遥控玩具的遥控器，主艇上巨大的桅杆天线代替遥控玩具的拉杆天线，这样一来，遥控扫雷艇可以走得更远；不仅可以像遥控小游艇一样航行，而且可以让遥控扫雷艇向它的电磁扫雷具铁心线圈供电产生磁场，用于扫除电磁引信水雷；还可以让遥控扫雷艇向它的声扫雷具的发声器供电产生声场，用于扫除声引信水雷。有个俗语叫"坐山观虎斗"，遥控扫雷就是扫雷人员位于主控艇上，坐在遥控扫雷显控台前，控制遥控扫雷艇与水雷战斗，成了"坐艇观斗雷"。

生物排雷——海洋动物水下排雷

所谓生物排雷就是利用一些海洋动物来进行排雷。这是一种特殊的排雷部队，目前主要有"海豚部队"。

俄罗斯是最早组建海豚部队的国家之一。他们先是让海豚"空口"下海探雷，一旦海豚在水下发现沉底雷，就会返回小型工作艇向战士点头表示有雷，战士让海豚叼着延时引信灭雷炸弹重返水下，将炸弹扔到沉底雷旁边，然后迅速离开，返回小型工作艇，远离雷位，等待沉底雷被引爆。

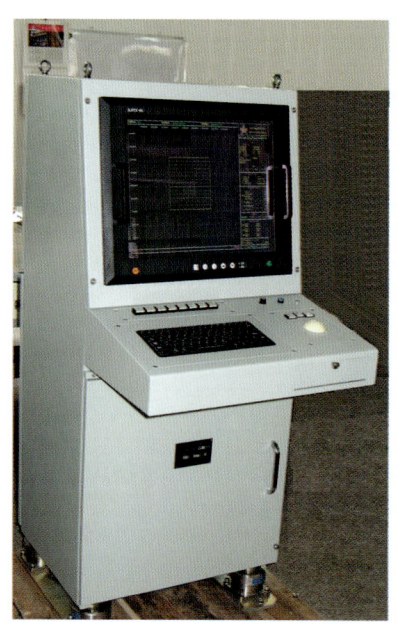

> 图94　遥控扫雷显控台

> 图95 俄罗斯探雷海豚水下发现水雷后跃出水面回橡皮艇

1960年，为了完善鱼雷的设计，美军研究人员开始研究各种海洋哺乳动物，结果发现海豚拥有水声测位能力，智力水平也比较高，有成为"探雷高手"的潜质，于是美军开始尝试训练"海豚兵"。试验结果表明，海豚能非常熟练地完成一些不太复杂的任务。

那么，海豚排雷到底是怎样的呢？首先，先派出几艘探测船用声呐勘察港口周围水道，标出危险区域。随后，"海豚兵"开始行动，利用自己发出的声波搜寻海中的爆炸物。一旦发现了危险目标，"海豚兵"就会游到训练师所在的橡皮艇旁，用鼻子敲击艇舷上的球形控制器，表示自己找到了目标，然后向训练师索取灭雷炸弹，并将其放在水雷旁。最后，引爆灭雷炸弹，炸毁水雷。

> 图97 美军海豚叼着延时引信灭雷炸弹靠近水雷

> 图96 美军海豚水下发现水雷后回艇头部朝水雷方向示意

雷舰艇。最后由猎雷舰艇以遥控方式引爆灭雷炸弹，炸毁水雷。

> 图98　美军海豚将延时引信灭雷炸弹放在水雷旁

> 图99　猎雷作业示意图

 猎雷

猎雷的发展始于二战，当时认识到猎雷比扫雷有更多的优越性，因为猎雷不受水雷的引信种类、定时、定次工作制式及技术特性的影响，可对付不同引信的水雷，实现"一把钥匙开多把锁"的主动反水雷作业。

猎雷舰艇配备有猎雷系统，主要设备由猎雷声呐、猎雷情报台、精密导航定位设备、灭雷具四部分组成。

猎雷是更先进、更可靠的反水雷手段。猎雷舰艇通过声呐发现水下的水雷，再把灭雷具（如遥控潜水机器人）放入水中，由猎雷舰艇遥控将灭雷具引导到水雷附近。当灭雷具确认水雷以后，将灭雷炸弹放置在水雷附近，然后自动上浮返回猎

猎雷这种反水雷方式是以单个水雷为作战对象，克服了扫雷的盲目性，且安全性、可靠性较好，能清除各种类型的水雷，但耗时较长，效率较低，难以适应战时大范围反水雷作战的需要，大范围反水雷作业仍需猎雷、扫雷相结合。

火眼金睛——探雷

要想灭雷必须先探测和识别水雷，这就要靠猎雷声呐来完成这项工作。

> 图100　面对不太远的连绵高山大声喊叫有回声

第3章 海上争锋——布雷与反水雷的较量

（a）天坛全景

（b）天坛主体及回音壁

（c）面对天坛回音壁大声喊叫也有回声

> 图101 北京天坛回音壁

在了解猎雷声呐如何探雷之前，先让我们了解一下什么是回声。去过崇山峻岭旅游的人们都有以下体会：面对不太远的连绵高山大声喊叫，过几秒钟之后就能听到自己喊叫的回声，这是因为喊叫声碰到高山这个障碍被反射回来了。

如果去北京天坛回音壁旅游的人们站在回音壁旁边，面对回音壁大声喊叫，过几秒钟之后也能听到自己喊叫的回声，这也是因为喊叫声碰到回音壁这个障碍被反射回来所致。

声呐发现水中物体的原理正是利用回声：声呐向水中发出声波，再接收水中物体反射声波形成的回声，根据反射的回声强弱判断水中物体的大小；根据反射的回声所经历的时间计算反射物体至声呐的距离。

猎雷舰艇装备有探测和识别水雷用的高频声呐，称为猎雷声呐，它由探测声呐（又称搜索声呐）和识别声呐两部分组成。

探测声呐的发射单元向水里发出高频声波，高频声波在水里传播过程中遇到其

小 贴 士

声　呐

声呐是水声工程的主要设备，原意是声波导航和测距。由于技术不断发展，现应理解为"利用声波作为信息载体，对水里大、中、小、动、静目标能进行探测、定位、识别、跟踪和实现水下导航、测量、通信等功能的设备"。

> 图102　某国探雷声呐照片

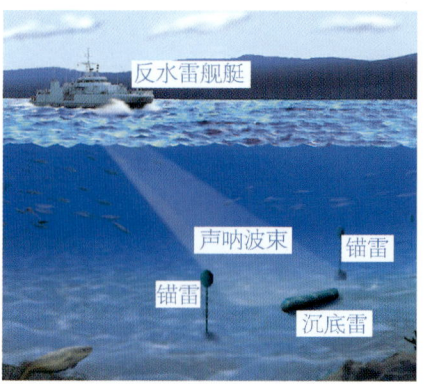

> 图103　探雷作业示意图

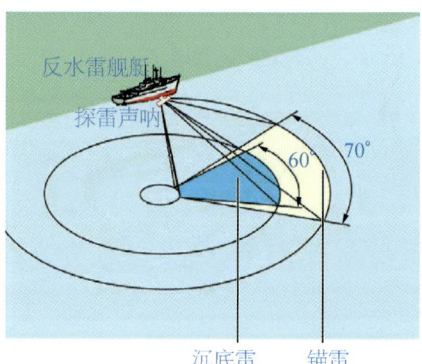

> 图104　探雷声呐探测范围示意图

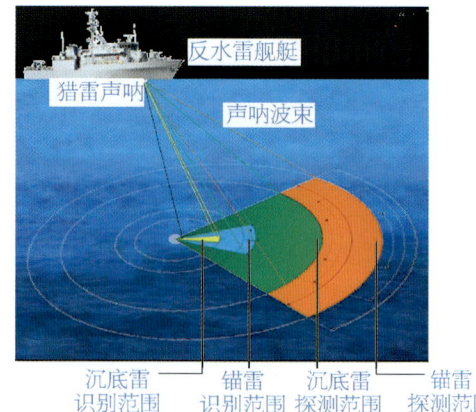

> 图105　猎雷声呐探测和识别范围示意图

他物体，被反射回来，探测声呐的接收单元接收到反射回来的声波，在探测声呐显控台的显示屏上将显示出一个亮点。

猎雷舰艇继续接近目标，识别声呐的发射单元，对准目标向水里发出更高频声波，更高频声波被此目标反射回来，识别声呐的接收单元接收到反射回来的声波，在识别声呐显控台的显示屏上将显示出一个清晰的亮点和大概形状，从而判断目标是不是水雷。

装在舰艇上的探雷声呐因为受作用距离的限制，难以探测到深水区的沉底雷或火箭自动上浮水雷；为此将探雷声呐安

第3章 海上争锋——布雷与反水雷的较量

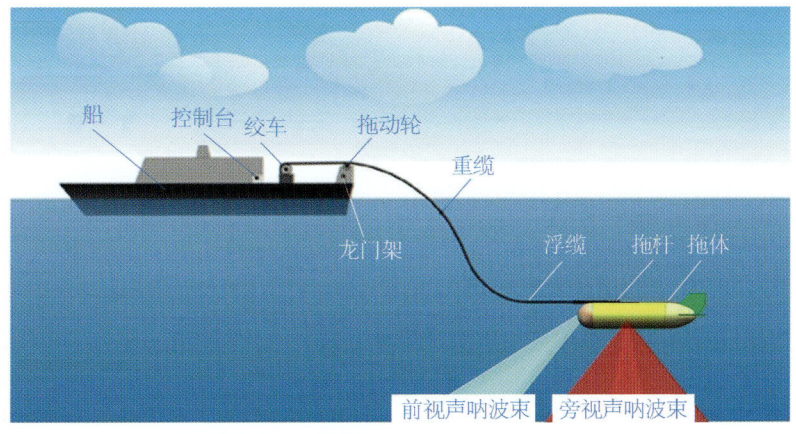

> 图106 装备有探雷声呐的拖体工作示意图

> 图107 船艉探雷声呐拖体收放装置照片

装于可以下潜的水下拖体内，形成探雷拖体，用来探测深水区水雷。

斩草除根——灭雷

在猎雷声呐探测和识别水雷后，猎雷舰艇从船艉放出连接有脐带电缆的灭雷具，灭雷具在猎雷声呐的引导下接近目标，灭雷具的头部装备有带探照灯的水下摄像机。灭雷具在近距离内能够看清楚水

声呐探测距离的奥秘

大家在看了探雷声呐探测范围示意图后，也许会问："为什么同一部探雷声呐探测锚雷与探测沉底雷的范围不一样？"

原因有两个：第一，在装同样多炸药的情况下，锚雷为了浮在水中，它的体积要做大，对声呐发出的水中声音（称为水声）反射面积也就大，回声就响，在声呐显控台屏幕上反映的亮点就更亮，容易发现，故而探测距离就远。第二，锚雷位于水当中，周围只有海水，没有其他物体，声呐发出的水声只有水雷的反射，在声呐显控台屏幕上反映的亮点就一个，非常醒目，极易发现；沉底雷位于海底，周围还有其他物体，声呐发出的水声有许多物体的反射，在声呐显控台屏幕上反映的亮点一大批，极难发现哪个是水雷。所以，探测锚雷的距离要比沉底雷的远。

> 图108　25意大利Pluto灭雷具投放灭雷炸弹效果图

第3章 海上争锋——布雷与反水雷的较量

中的锚雷及雷索,舰艇上的灭雷显控台操纵员操纵灭雷具将其首部的爆破割刀挂在锚雷雷索上,灭雷具后退并脱离爆破割刀,同时拉发引信,使爆破割刀爆炸割断锚雷雷索,锚雷雷体上浮至水面,然后用舰艇上的火炮将雷击毁。

灭雷具在近距离内也能够看清楚海底的沉底雷,舰艇上的灭雷显控台操纵员操纵灭雷具将灭雷炸弹解脱后落在沉底雷旁边,之后灭雷具离开,由灭雷炸弹炸毁沉底雷。

现在有些国家的海军研制出一型一次性灭雷具,它发现水雷后直接撞击水雷引起爆炸,与水雷同归于尽。一次性灭雷具价格比反复使用的灭雷具便宜很多,省去了回收灭雷具的麻烦事。

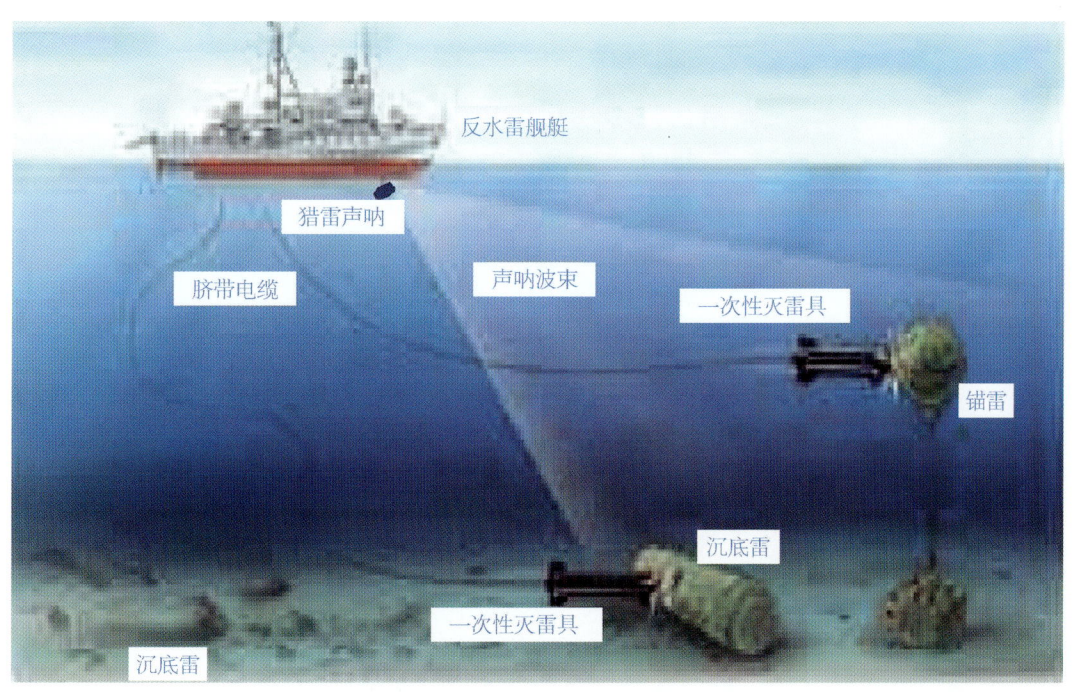

> 图109 一次性灭雷具猎雷作业效果图

第4章
"亮剑"海战
—— 水雷战舰艇

水雷战舰艇

水雷要发挥巨大威力，合理布放很关键，其最早使用的平台就是舰船，也就是布雷舰艇；被水雷封锁后，要清除水雷，其专用平台通常还是舰船，这就是反水雷舰艇。

没有高耸的桅杆、密布的火炮，也没有复杂的天线、巨大的导弹，反水雷舰艇为什么会获得这份殊荣呢？

下面就让我们走进水雷战舰艇的世界去寻找答案吧！

> 图110　扫雷舰在行驶中接受其他舰种的致敬并还礼

第4章 "亮剑"海战——水雷战舰艇

水雷战舰艇的分类和发展

水雷战舰艇的分类

水雷战舰艇艇包括布雷舰艇及反水雷舰艇两类。

布雷舰艇,就是专门从事布雷的舰艇的统称,包括专业布雷舰艇以及战时改装的非专业布雷舰艇等。

反水雷舰艇,就是使用扫雷、猎雷设备扫除和猎灭水雷或直接依靠船体自身物理场引爆水雷的舰艇的统称,通常包括扫雷舰艇、猎雷舰艇、破雷舰、炸雷舰艇和猎扫雷舰艇等。因为反水雷舰艇的作战使命主要是在航道水域和为舰船编队导航清

> 图112 英国狩猎级猎雷舰M33号

> 图111 瑞典维斯堡级布雷舰M03号

小贴士

受尊重的反水雷舰艇

世界各国海军有一种礼仪:在海上,所有舰船与反水雷舰艇相遇时,无论自身多大吨位和多高级别,包括航母在内,都必须首先列队向反水雷舰艇鸣笛致敬,然后才是反水雷舰艇列队鸣笛还礼。

反水雷舰艇被海军称为"海上工兵""开路先锋""敢死队",它们勇闯雷场,"明知前途有艰险,越是艰险越向前",用鲜血和生命赢得了荣誉和尊重!

除水雷障碍。因此,它们又被誉为"开路先锋",意寓勇闯雷阵、不畏艰险!

布雷舰艇与反水雷舰艇进行的是封锁与反封锁、矛与盾之间的殊死斗争:布雷舰艇是在对方港口、航道、海峡进行防守或攻势布雷,是矛的一方;反水雷舰艇是扫除对方的布雷,进行反封锁,是盾的一方。

水雷战舰艇的发展

几百年前水雷就出现了,当时的人们用普通船只人工布雷,即使这样也封锁了许多港口和航道;近来有了正规的布雷舰艇,就更厉害了。这就促使了反水雷舰艇的发展。

20世纪初出现了装有简易接触扫雷具的扫雷舰艇,最早在日俄争夺中国旅顺口的海战中得到使用。

随着电子技术的迅速发展和在水雷武器上的广泛应用,现代水雷引信、抗扫措施与装置日趋先进和复杂,为适应扫除现代水雷的需要,不少国家积极探索和研制新的探雷、扫雷的方法和装备,并把它们装备在新型的水雷战舰艇上。

20世纪60年代初,英国、荷兰、法国、比利时、瑞典等国家海军相继开始研制新一代的反水雷舰艇。

70年代初,出现艇具合一遥控扫雷艇,可实现无人驾驶,在扫雷作业时大大减少水雷对艇员安全的威胁。例如,中国的第一代遥控扫雷艇。

80年代末,随着扫雷、猎雷技术的进

> 图113　瑞典兰德索尔特级猎雷舰M107号

> 图114 中国第一代遥控扫雷艇彩色剖面图

一步提高,许多国家开始建造集具猎雷、扫雷等多种功能于一体的先进水雷战舰艇。例如,英国海军1989年建成桑当级多用途沿岸猎雷舰。

桑当级猎雷舰被认为是世界上最先进的水雷战舰艇之一,几乎完全采用非磁性材料建造,装备有先进的猎雷声呐和作战系统、2套灭雷具等。

> 图115 英国桑当级多用途沿岸猎雷舰

专门设置水雷障碍的布雷舰艇

布雷舰是水雷战的一方,主要是在近海、海峡、水道执行布雷封锁任务,特别适用于海峡、岛屿、港口等航道和水道。布雷舰艇可使用人力或机电设备将水雷布放到特定水域规定位置。平时,也可作为目标舰配合潜艇或快艇进行海上战术训练;还可停泊靠帮补给燃油、滑油、淡水、小型弹药以及其他供应品。

大多数布雷舰艇是战时用民船临时改装或由其他舰船兼顾,在船上加装雷轨和布雷斜板而成,使用人力布雷,水雷装载数量较少(几枚至十几枚),这种布雷方式的布设速度慢、使用舰船多、布设位置误差较大。

国外专门建造布雷舰艇的国家为数不多,且各国的发展水平不一。瑞典、丹麦、苏联/俄罗斯、日本等拥有专用的现役布雷舰,但多为人力布雷舰艇,而拥有功能先进的自动化布雷舰艇的国家则极少,目前只有瑞典和日本。瑞典"卡尔斯克鲁纳"号布雷舰最为先进,排水量约3 300吨,号称是世界上最现代化的布雷舰,但其布雷系统仍是由人力推进,布雷误差估计约在100米以上。

> 图116 瑞典"卡尔斯克鲁纳"号布雷舰

各具神通的反水雷舰艇

海上反水雷装备主要是反水雷舰艇。反水雷舰艇是使用扫雷、猎雷设备扫除和猎灭水雷或直接依靠船体物理场引爆水雷的舰艇的统称,主要包括扫雷舰艇、猎雷舰艇、破雷舰、炸雷舰艇和猎扫雷舰艇。

海上清扫工——扫雷舰艇

扫雷舰艇是使用扫雷设备来搜索、打捞、排除水雷的水面舰艇,包括扫雷舰、扫雷艇和遥控扫雷舰艇等。通过扫雷舰艇上的探雷设备检查雷区水雷,并采用不同手段的扫雷具将水雷打捞或引爆毁灭。特点是不需要预先探明水雷引信的类型和性能,就可直接将前方水雷一一扫清。

扫雷舰艇主要采用接触和非接触扫雷具两类扫雷手段来执行使命。无论哪种方法,扫雷舰艇通过航道雷区就如同捕鱼,先将该区域用鱼探仪探测确定,再撒网捕

> 图117 人民海军新型扫雷舰

鱼；扫雷作业先用探雷声呐探测，最后用扫雷具将水雷扫除毁灭。

一战期间，各国广泛使用以舰艇拖带的接触扫雷具清除各种锚雷和漂雷。二战期间，扫雷舰艇得到迅速发展，舰上除装备了接触扫雷具外，还装备有各种非接触扫雷具，以清除磁引信、声引信等非触发水雷，达到扫清雷区的效果。扫雷舰艇迅速增多，仅同盟国就投入扫雷舰艇1 500余艘。战后，同盟国又动用1 600余艘扫雷舰艇，历时8～9年，清除二战时布放留存的水雷。

多艘扫雷舰艇协同扫雷时需要编队航行。

多艘扫雷舰艇拖带接触雷具扫雷作业时，为了避免漏扫，相邻两艘扫雷舰艇之间的扫雷带要有适当的重叠宽度。因此不能采取横队扫雷编队，否则它们的展开器会相互缠绕；所以必须采取梯队扫雷编队，既可以避免漏扫，也可以避免相互缠绕。

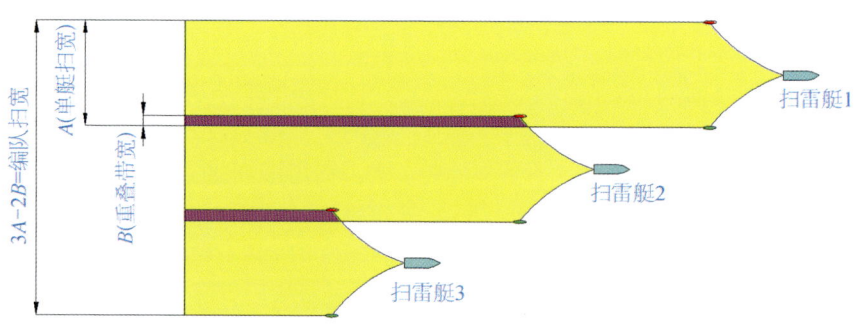

> 图118　3艘扫雷舰艇拖带接触雷具梯队扫雷编队示意图

> 图119　3艘扫雷舰进行梯队扫雷编队航行

第4章 "亮剑"海战——水雷战舰艇

多艘扫雷舰艇拖带非接触雷具进行扫雷作业时，因为扫雷具的物理场外伸的长度和宽度远远大于扫雷具本身的尺寸，故而能够留出适当的重叠宽度。采用横队扫雷编队，既可以避免漏扫，也可以避免相互缠绕。

扫雷具工作时，扫雷舰艇拖带非接触扫雷具航行，并向扫雷具通电使其工作，当扫雷具产生的物理场特性与水雷引信种

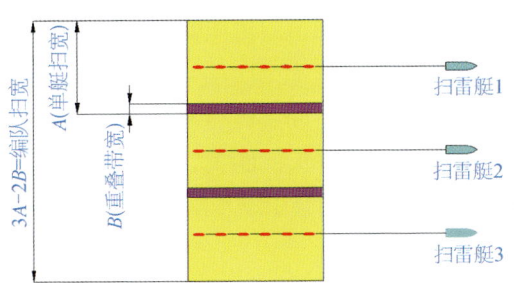

> 图120　3艘扫雷舰艇拖带非接触雷具横队扫雷编队示意图

> 图121　3艘扫雷舰进行横队扫雷编队航行

类相吻合时，即可引爆水雷。编队的非接触扫雷队形通常为横队或并列横队，相邻两舰的扫雷带之间不应留有缝隙，前后两列间要保持足够大的距离，以免后面的舰被前面舰的扫雷具引爆水雷时产生伤害。

海上猎人——猎雷舰艇

猎雷舰艇是名副其实的海上"猎人"。猎人在山林中寻猎目标，主要依靠他的视觉、嗅觉、听觉和他手中的武器——猎枪。猎雷舰艇寻找水雷目标靠的是猎雷声呐和灭雷具。

猎雷舰艇是使用猎雷声呐等技术发现水雷，并由灭雷具摧毁水雷的反水雷舰艇，是对付现代水雷最安全最有效的方法，通过使用磁、光、猎雷声呐等方法，巧妙侦察水雷的方位位置，并将其摧毁，包括远洋猎雷舰和近海猎雷艇等。

猎雷武器是设置在猎雷舰艇上用于探测确定水雷位置，然后对其进行标识、打捞或逐个销毁的反水雷武器。德国企鹅B3型猎雷具上还装有近程声呐、电视摄影机和灭雷炸弹，通过电缆与母艇相连，可在母艇的遥控下接近、确认目标后投放炸药包将其摧毁，然后浮出水面返回母艇。

> 图122 德国"库尔姆贝克"号猎雷舰

第4章 "亮剑"海战——水雷战舰艇

> 图123 德国猎雷舰舰艉企鹅B3型灭雷具（橘红色圆柱形物体）

> 图124 德国猎雷舰正在布放企鹅B3型灭雷具

海上敢死队——破雷舰

破雷舰是利用自身船体碰撞，或舰本身航行时产生的水压场和舰上特种设备，或船本身产生的强大磁场、声场等物理场发生感应作用而引爆水雷。破雷舰主要用于在紧急情况下突破雷阵，为其他舰船开辟航道，或检查已清扫过的雷区航道。它不仅可以清除一般扫雷具无法扫除的水压水雷，而且还可以清除目前尚未公开使用和正在研制的各种新型水雷，以及采取了多种抗扫措施的水雷。

从这点讲，破雷舰就是一个威猛勇进的先锋战士，也可以说是以身试雷蹚雷的勇士，很有赴汤蹈雷、粉身碎骨的气质，明知前方有水雷，硬要往前闯。因此，破雷舰自身有很大的危险性。

破雷舰的特点是吃水深，生命力强。满载排水量通常为数千吨至1万吨。一般由旧舰船改装，加固船体，安装大量水密隔板，在空舱内填充漂浮物。主动力装置安装在船体吃水线以上，采用特种传动推进方式，全舰所有操作集中在装有避震设施的舰桥内进行遥控。船体普遍采用无磁或低磁材料。在技术上，破雷舰摆脱了反水雷时对水雷引信的依赖性，使得排除水雷障碍的速度快，可清除各种类型的水雷。

建造破雷舰，各国都有不同程度的发展。世界上还没有哪个国家专门建造破雷舰，通常将民用万吨轮改装成破雷舰。中国也没有专门的破雷舰，紧急情况下往往用旧船改装。

从1952年起，美国海军为了寻找扫除包括压力引信的水雷的方法，曾改装了十艘"自由轮"（标准排水量为7 176吨），进行闯入雷阵的破雷试验。经过多次失败，只有一艘YAG-37得到初步成功。在这几年试验的基础上，美国俄亥俄州造船公司1966年又开始改装一艘C-2型"自由

> 图125 破雷舰扫爆水雷而自己完好无损

第4章 "亮剑"海战——水雷战舰艇

> 图126 美国海军将"布朗"号"自由轮"改装成破雷舰

> 图127 二战时苏联红军用的"喀秋莎"火箭炮

> 图128 苏联红军战士为"喀秋莎"火箭炮装载弹药

轮",1969年5月竣工。从1969年8月—1970年曾试验过八次,取得一定的成功,后在美国海军服役,称为MSS-1,即特殊扫雷舰(破雷舰)1号,并计划再改装两艘。总之,美国对破雷技术非常重视,正在有计划地开展研究工作。

俄罗斯一直保留着破雷舰舰种;日本在二战时也有使用过破雷舰的经验。

海上"喀秋莎"——炸雷舰艇

炸雷舰艇是使用深水炸弹毁伤水雷的舰艇。

将多管火箭炮装备在舰艇上,连续不断地发射火箭炮弹,大面积炸毁前方雷阵的水雷,变成海上的"喀秋莎",这样就成了炸雷舰艇。

同破雷舰艇一样,世界上也没有哪国

小贴士

美丽的姑娘"喀秋莎"

二战时期,苏联在反德国法西斯的侵略战争中,把多管火箭炮装备在军用卡车上,连续不断地发射火箭炮弹,大面积杀伤敌人,展现了巨大的威力,战斗效果显著,人们后来就将这些火箭炮昵称为一个美丽姑娘的名字"喀秋莎"。

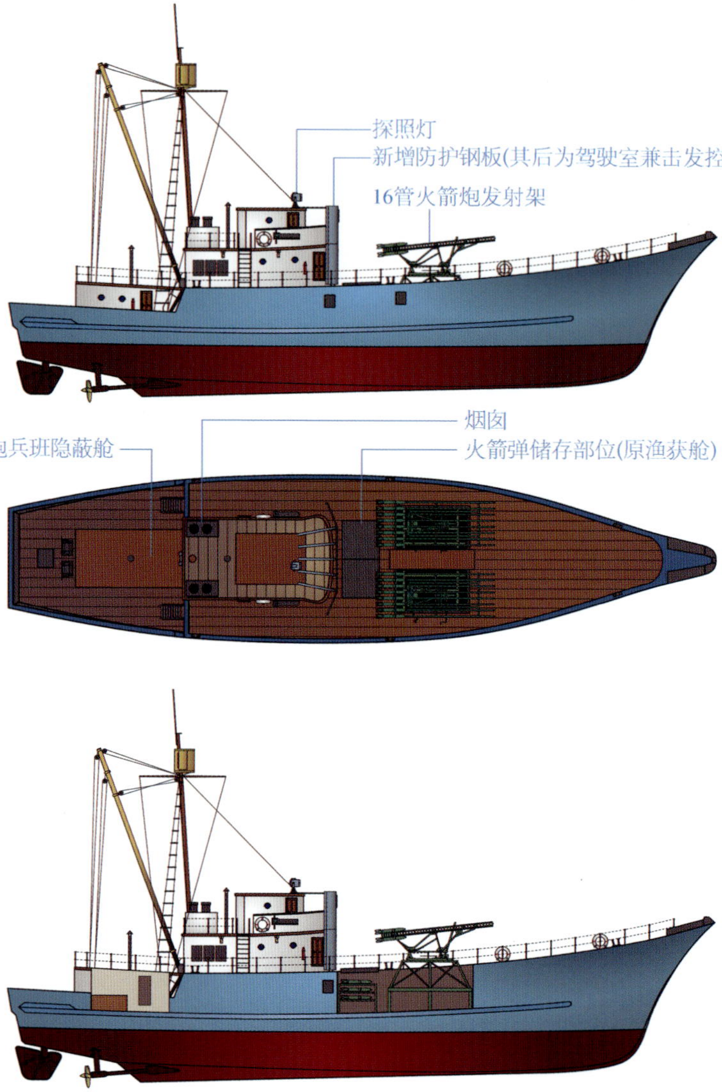

水雷战舰艇

（图示标注：探照灯；新增防护钢板(其后为驾驶室兼击发控制室)；16管火箭炮发射架；炮兵班隐蔽舱；烟囱；火箭弹储存部位(原渔获舱)）

> 图129　火箭炮船

海军建造专门的炸雷舰艇，一般都调集其他舰艇或民船作炸雷舰艇使用。

乌克兰护卫舰的12管火箭深水炸弹发射装置发射的火箭深水炸弹射程达3 200米，发射率为每隔0.1秒钟发射1枚弹，直径204毫米，威力巨大，足以炸毁水雷或使水雷引信失效。

在紧急情况下，使用火箭深水炸弹或

第4章 "亮剑"海战——水雷战舰艇

> 图130 乌克兰格里莎级护卫舰艏部有2座12管火箭深水炸弹发射装置

> 图131 12管火箭深水炸弹发射器正面照片

> 图132 护卫舰火箭深水炸弹发射过程中

> 图133 护卫舰火箭深水炸弹发射后在水中爆炸

> 图134 在大型舰船主甲板上加装火箭炮成威力巨大的火力支援舰

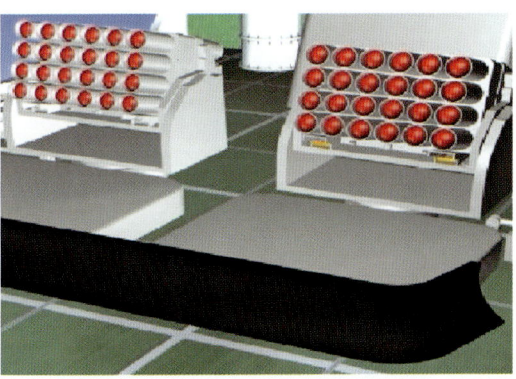

> 图135 火箭深水炸弹发射装置布置示意图

艉部滚动布放的深水炸弹炸雷，对于开辟应急航道而言，这不失为是个好办法，还能承担对已清扫雷区的最终检查性扫雷任务。但是，深水炸弹的消耗量大，所需炸雷的兵力数量多，组织实施较为复杂。

探敌破雷——猎扫雷舰艇

猎扫雷舰艇是猎雷舰艇上使用猎雷声呐，巧妙地侦察识别水雷的类型和位置后，再由其灭雷具或控制遥控扫雷艇排除水雷。其舰型包括远洋猎扫雷舰和近海猎扫雷艇等。

通过声呐在航向前方快速搜索水雷，大大降低了扫雷舰船通过水雷上方的危险，是近代出现的一种具备猎雷和扫雷双重功能的舰种。它的出现无疑是反水雷装备领域中具有划时代意义的革新，使传统的盲目被动扫雷变为有目的的主动反水雷行动，使反水雷作战达到了一个既能巧妙侦察水雷，又能主动扫除水雷的新境界。

要使猎扫雷舰艇有效开展清扫水雷活动，必须装备现代化的先进猎扫雷设备。猎雷武器主要通过采用舰壳猎雷声呐和磁强计等技术手段，在雷区来回执行猎雷航

> 图136 猎雷声呐探测识别水雷示意图

第4章 "亮剑"海战——水雷战舰艇

> 图137 潜水员处理水雷

行,能灵活巧妙地侦察、探测与识别多种不同的水雷,完成搜索。采用当前现代化的科学技术手段,探雷声呐在水雷识别上已变得越来越智能。

猎雷声呐识别水雷后,一般由潜水员或灭雷具(遥控航行体)来完成灭雷。

潜水员是爆炸物处理队的主要成员,配备手提式旁视声呐系统,经常被召唤来帮助猎扫雷舰对水雷定位和摧毁水雷。在作业时,要求潜水员能及时找到由其装置定位的水雷,目力分辨水雷的属性,并依据环境条件迅速灭雷。

> 图138 意大利Pluto灭雷具

现代化的灭雷具装有探照灯、摄像机或高分辨率声呐,用于鉴别水雷。

水雷战舰艇的好帮手
消磁船

各种水面舰艇都有可能要经过敌方的布雷区域，尤其是反水雷舰艇必须进入敌布雷区域进行清除水雷作业。如果自身剩磁很大，进入雷区就会引爆水雷，结果往往会是"出师未捷身先死"。

因此，需要减少舰艇自身的剩磁。消磁船可以通过对其他舰艇绕上消磁电缆，通以消磁电流为这些舰船消磁。因此，消磁船又被称为是水雷战舰艇的好帮手。

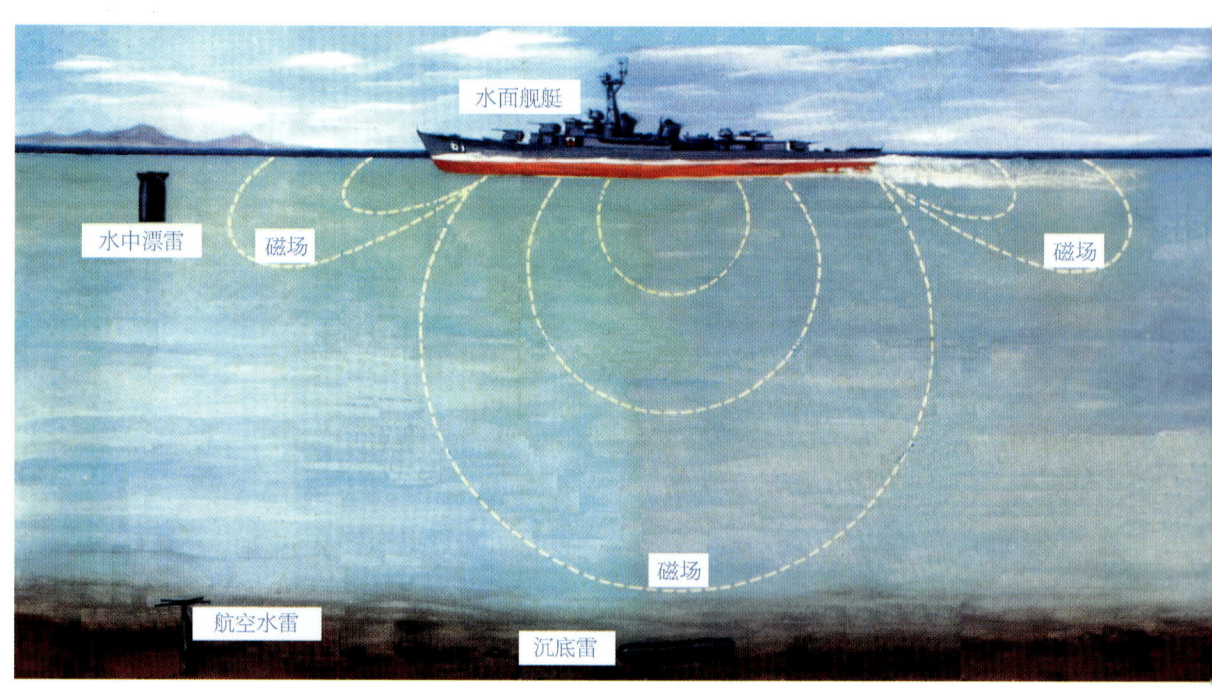

> 图139　水面舰艇的磁场易引爆磁引信沉底雷、航空水雷和漂雷
　　　　图中浅色虚线表示磁场等强线

第4章 "亮剑"海战——水雷战舰艇

> 图140 停靠在码头的消磁船

小贴士

磁场等强线

磁场虽然看不见摸不着,但是它实际存在,并且有大小强弱之分。通常用标上数字的许多虚线来表示磁场大小强弱:同一虚线上的点的磁场强度相等,等强线是曲线。等强线的疏密表示磁场强度变化快慢,线密表示磁场强度变化快,线疏表示磁场强度变化慢。

磁场等强线与表示地形高低的等高线地形图相似。在等高线地形图中,表示山峰的图形是从山脚开始的封闭曲线,一圈一圈逐渐变小,数字越来越大,到山顶时成为一个点,数字最大。曲线之间越密集,表示越陡峭;曲线之间越疏散,表示越平坦。

第5章

揭秘重器

——水雷战舰艇的独特布置和关键设备

水雷战舰艇作为布雷和扫雷的作战平台,根据布雷和扫雷工作的需要,布置有多型扫雷具,因此在甲板上各种扫雷设备要相互协调,不能干扰和阻塞,以使布放作业时衔接畅通。布放灭雷作业也有着十分完备的设备和工具,这些对水雷舰艇都有特殊的设计和要求。

由于反水雷舰艇被炸的危险性很大,要考虑舰艇被炸后至少能满足任意两舱破损进水不沉,因此反水雷舰艇在总体布局、舱室设计等生命力设计方面都作了充分的考虑。

水雷战舰艇的独特布置

扫雷具的独特布置

制服水下伏兵——水雷的克星就是反水雷舰艇上的扫雷设备和专用工具,它们是摧毁水雷的尖兵利器,如何使这些利器达到最佳作战效果,舰艇甲板的综合布置是关键因素。

扫雷舰艇艉甲板布置有众多设备和多型扫雷具,有的只能单独布放使用,有的可与别的扫雷具联合布放使用;在布放过程中不得出现与其他无关的扫雷具部件相互干扰或阻碍堵塞情况,布放应畅通无阻。所以,在艉甲板布置多型扫雷具时,要根据各型扫雷具的详细布放流程,全面综合优化考虑,使得布雷就像转魔方一样,各个要下水的部件按程序和顺序都能一步一步有节奏地进行下去。

在收回扫雷具水下部件时也是如此,要求能够依次顺利回到布放前的位置,不能出现混乱而无法复原的情况。

对于人力能够搬运的扫雷具的中型部件,例如支持浮体等,可以布置于主甲板中部,离布放扫雷具的艉部甲板不远,既不影响扫雷具的布放,又便于快速搬运。

对于人力能够轻易提起的扫雷具部件,例如上浮浮体等,可以布置于上甲板中部,从上往下传递,且离布放扫雷具的艉部甲板也不远。

第5章 揭秘重器——水雷战舰艇的独特布置和关键设备

> 图141 扫雷舰艇在艉甲板布置有多型扫雷具和辅助设备

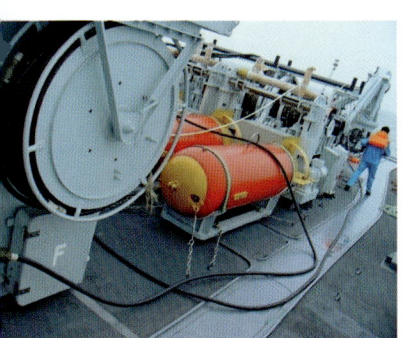

> 图142 扫雷舰艇在艉甲板布置的电磁扫雷具磁体和辅助设备

> 图143 截割爆破扫雷具的支持浮体竖立布置于横向过道

> 图144 截割爆破扫雷具的上浮浮体竖立布置于上甲板两舷

灭雷具的特殊布置

灭雷具内部装备有大量的电子元器件，平时须用专门舱室存放，不能长期在露天暴晒，只有需要时才从舱室推出使用。

> 图145 舱室存放的灭雷具

水雷战舰艇的辅助设备

水雷战舰艇中的关键技术设备是布雷装置和扫雷具，还有一些为运送和使用这些水雷及扫雷具的辅助设备。由于扫雷具不同，配置的扫雷辅助设备也不同，辅助设备有：扫雷绞车、浮水电缆卷车、浮水电缆排缆装置、专用吊机、艉导缆器、艉部导索孔、艉部滚轮、雷轨等，这些扫雷辅助设备的设计都有特殊的要求，必须有一个合理的设计方案，以免相互影响和干扰使用。

绞车绳索——扫雷绞车

扫雷绞车紧紧系着扫雷具，专门供接触扫雷具使用。它必须有三个既能单独转

> 图146 有三个卷筒的扫雷绞车

动,又能同时转动的卷筒,分别卷绕接触扫雷具的左舷扫索、中间拖索和右舷扫索,并且使左舷扫索、中间拖索和右舷扫索既能单独收放,又能同时收放。收放速度至少分高速、中速和低速三挡,以适应不同索段不同收放速度的需要。

较大;这种长而粗的电缆一般电缆卷车是绕不下的,需要设计大型专用卷车。这种卷车体积巨大,占据两层甲板高度。

轻功水上漂——浮水电缆卷车

电极式电磁扫雷具的浮水电缆长度达几百米,为了能浮在水面,电缆里面装有一节一节的圆柱形木块,故其直径做得比

凌波微步——浮水电缆排缆装置

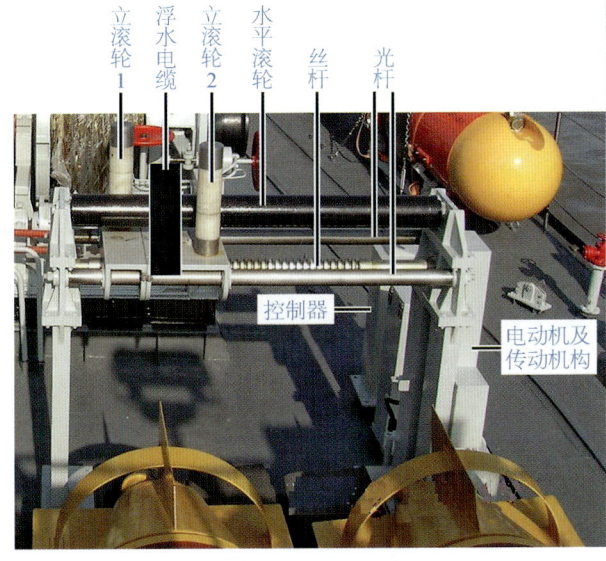

> 图149 浮水电缆排缆装置

> 图147 有浮水电缆的浮水电缆卷车

> 图148 没有卷绕浮水电缆的浮水电缆卷车

浮水电缆在浮水电缆卷车上必须排列整齐,否则卷绕不下;以往需要六位战士抬举排列,非常吃力,且遇到冬天,冰冷的海水会把衣服都弄湿,因此需要设计电动排缆装置。

在收放浮水电缆时,当要想让浮水电缆往右移动,则可操纵控制器让电动机正转,传动机构带动丝杆也正转,此时立滚轮1和立滚轮2同时沿着光杆向右移动,带动浮水电缆沿着水平滚轮也向右移动;

当要想让浮水电缆往左移动，则可操纵控制器让电动机反转，传动机构带动丝杆也反转，此时立滚轮1和立滚轮2同时沿着光杆向左移动，可带动浮水电缆沿着水平滚轮也向左移动。通过这些设备操作，可使得浮水电缆在浮水电缆卷车上能够排列整齐。

龙爪手——专用吊机

由于反水雷舰艇的甲板后部是作业区域，为了少占甲板面积，扫雷艇使用的专用吊机的电气部件安装在甲板下面的舱室天花板下方，甲板上只有专用吊机的吊杆部件。

> 图151 电动吊机的电动机及减速器在甲板下方安装

为了便于从水面收回扫雷具水中部件，扫雷作业使用的专用吊机最好选用吊臂可伸缩和折臂的液压伸缩折臂吊。这样

> 图152 液压伸缩折臂吊机在舰上的布置安装

> 图150 电动吊机的吊杆在甲板上的布置安装

> 图153 液压伸缩折臂吊机在吊放扫雷具部件

一来，其吊臂能使吊钩接近水面的扫雷具水中部件，便于打捞，又可避免吊钩钢丝绳放出太长以减少扫雷具部件在空中摆动过大，影响作业安全。吊机的液压马达和油箱设置在吊机基座的内部，便于舰上安装，还能以免占用宝贵的甲板面积，有利于扫雷作业。

因此，反水雷舰艇舷部设置有带不同滚轮的舷导缆器、舷部导索孔、舷部滚轮等，能让电缆或钢丝绳顺利通过。

> 图155　接触扫雷具的索具通过相关滚轮

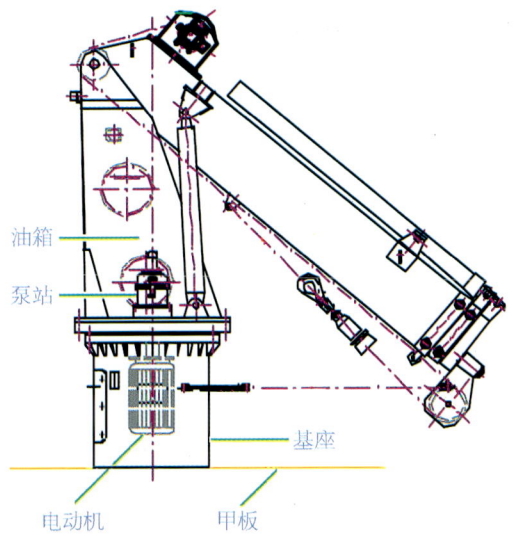

> 图154　吊机的电动机、泵站和油箱设置在吊机基座的内部

> 图156　电磁扫雷具的浮水电缆通过舷部导索孔木滚轮上方

顺其自然的好帮手——专用导缆设施

接触扫雷具都是拖曳式的，要用到许多钢丝绳；拖曳式非接触扫雷具不仅要用到电缆，还要用到钢丝绳。无论是电缆还是钢丝绳，放出去或收回来，都要经过滚轮，不能与甲板直接摩擦，以免被损坏。

低矮的坐禅——灭雷弹箱

灭雷弹箱（灭雷弹及其包装箱）重达几十千克，为便于在灭雷弹舱搬运，灭雷弹箱直接坐在有垫板的舱室地板上，再用带螺纹压紧装置压紧，防止晃动；用时松

下饺子式布雷——自动化布雷机

早期布水雷通常是人力推布方式，为实现布雷机械化和自动化，不少国家在布雷舰上实现了自动布雷系统，其构成由动力控制、程控遥控系统、自动传动系统、计算机运筹系统、危险自动排除安全系统等构成，这些系统相互配合可实现布雷的精、准、稳。自动布雷机大大提高了布雷点的精度与投雷速度，如同飞机扔炸弹，布雷速度如同下水饺一样快速无误。

新的自动化布雷系统在布雷和运雷方面均摒弃了旧的人工方式，开启布雷技术新时代。

> 图157 灭雷弹箱用的带螺纹压紧装置

> 图158 灭雷弹箱用的手摇扬弹机

开螺纹压紧装置，用小铲车推到手摇扬弹机上，运到上面的甲板上。

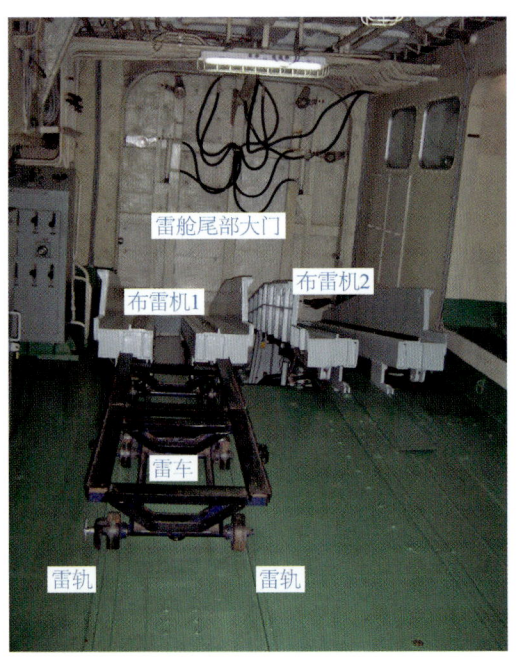

> 图159 水雷舱尾部2台布雷机和1辆雷车照片

第5章 揭秘重器——水雷战舰艇的独特布置和关键设备

独门绝技
反水雷舰艇的独特设计

对于反水雷舰艇，在具有一般舰船特性外，还具有一定的设计原则和特殊要求。反水雷舰艇中无论是扫雷舰艇或是猎雷舰艇还是破雷舰，因为要与水雷近距离作业甚至需先通过水雷上方，挨炸概率都比较大；所以要求做到尽可能不引起水雷爆炸，或即使引起水雷爆炸，也不至于沉没或损坏。因此，对反水雷舰艇设计有特殊要求。

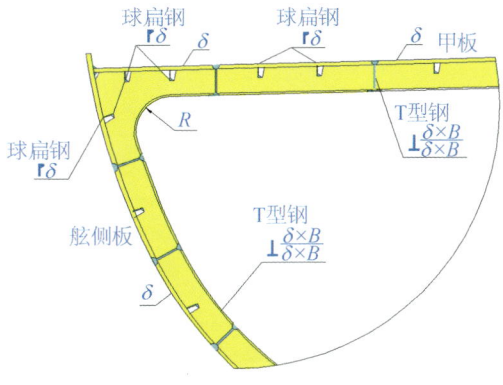

> 图160 扫雷舰艇典型的横剖面结构图

 **金刚不坏——优秀的抗爆性**

为什么扫雷舰艇的船体在设计上要有高强度的抗爆性？因为扫雷舰艇要进入雷区，而且往往必须通过水雷上方，挨炸的可能性非常大，所以高抗爆性是扫雷舰艇的特殊设计要求。如果船体不安全，没有可靠的安全保障，便无法执行扫雷任务。所以，在设计反水雷舰艇时，需对其船体结构进行优化，例如采用高强度的T型钢及球扁钢，选取合适的厚度和宽度，应用有限元计算方法，以使其强度需高于同吨位其他舰艇。一般应做到，水雷在较近距离爆炸时，舰艇结构不破损，主要设备不损坏。

 **免疫磁场——能抗强磁场**

对于艇具合一式扫雷艇而言，因其电磁扫雷具安装于艇体内，电磁扫雷具的强磁场对艇内的机电设备的磁性材料元件或电磁线圈部件产生磁力作用，容易发生误动作，因此对这些机电设备需要进行特殊设计。

例如，主机柴油机和电站柴油机调速器的调速钢球元件，一般都是磁性材料制造的，在低速运行时会被电磁扫雷具的强磁场吸住而不能调速，使柴油机停机熄火。所以，必须将调速钢球元件材料改为无磁或低磁材料，调速器才可不受电磁扫雷具的强磁场影响，使柴油机能正常调速运转。

又如，电气控制箱的电器容易受电磁扫雷具的强磁场影响而产生误动作，使电器不能正常工作。可以用铁磁材料制造电气控制箱壳体予以屏蔽，这样就能够大幅度减小壳体内的磁场强度，使各电器元件正常工作。

另外，在电罗经、磁罗经及使用阴极射线管显示屏的雷达工作时都受强磁场的影响，需要采用屏蔽措施。

> 图162　仪器仪表安装在钢丝绳弹簧减振器上

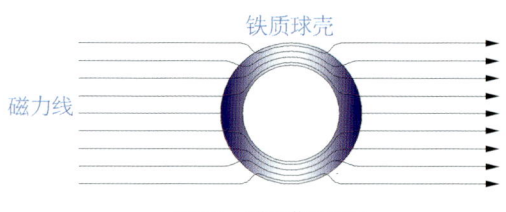

> 图161　磁屏蔽原理图

独扛大梁——能抗强冲击力

设备的抗冲击力与艇体抗爆同等重要。水雷爆炸时有很强的冲击力，因此反水雷舰艇上的主要设备，例如主机、电站等在设计时要有特殊要求。舰艇壳体不得采用脆性材料，而且在设备安装时必须采用双层隔振措施，例如集中安装在有双层减振器的浮筏上，或单独安装在有双层减振器的专用基座上，并配有万向联轴节和管路弹性连接元件，仪器仪表也必须使用钢丝绳弹簧等减振器。

反水雷舰艇应做到装有一定数量炸药

> 图163　具有双层隔振功能的浮筏

的水雷在距舰艇较近距离爆炸时，船上主要设备工作应不间断；在更近距离爆炸时，船上主要设备工作应不损坏。

在扫雷作业时，舰艇上的人员除了应该位于设有缓冲平台的集中控制室和设有缓冲橡胶地板的驾驶室及无线电室外，个人还应该穿戴专用防振鞋、抗冲帽和抗冲击背心。控制室的缓冲平台四个角落各装备有一个类似于飞机起落架的气液缓冲器，可极大地减缓水雷爆炸时对位于集控室缓冲平台上的人员和设备的冲击，保证人员和设备的安全。

> 图164 控制室缓冲平台角落装备的气液缓冲器上半部

乘过飞机的人都有体会，当飞机在水泥跑道降落时，乘客在飞机上只感觉到轻轻的振动，飞机着陆的巨大冲击力去哪里了呢？

奥妙就在飞机的起落架上。飞机的起落架用了一种缓冲"神器"——气液缓冲器。它是一种耗能型的缓冲器，与弹簧型缓冲器相比较，具有吸收能量大、效率高且复位平稳的特点。

磁屏蔽

从电磁学可知，用铁质制造的壳体，当均匀的磁力线由外部非铁磁物质空间碰到铁磁物质时发生扭曲，磁力线大量进入铁磁物质里几乎与铁磁物质表面平行前进，很少达到壳体内部空腔，使腔内磁场很弱，这种现象称为磁屏蔽。

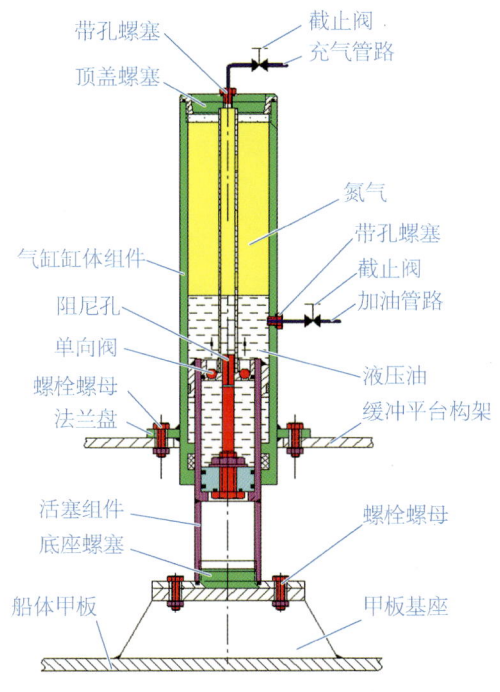

> 图165 气液缓冲器原理结构图

浮筏

浮筏是配置有上、下两种减振器的平台装置。具有双层隔振功能的浮筏抗冲减振效果显著。浮筏配置的上减振器对中高频振动隔振效果好，下减振器对中低频振动隔振效果好，组合到一起后，使浮筏的隔振效果综合性能全面提升。

气液缓冲器的结构主要是由缸体、活塞、气液室等组成。气体通常用氮气，液体通常用液压油。当气液缓冲器受到强烈冲击时，内部的氮气和液压油大量吸收撞击能量，降低了冲击速度，减轻了冲击力，从而有效地保护了船员和设备的安全。

悄无声息——声隐蔽设计

有些水雷是靠声响来引爆的，必须将舰艇相关设备的运转噪声隔离起来，以确保扫雷艇的安全。

舰艇上有很多机械设备和电气设备，在工作时会产生一定的噪声，形成相应的声场。为了避免装有声引信的水雷感应到舰艇的声场，必须降低舰艇对水的辐射噪声。

舰艇在航行时形成水下辐射噪声的原因主要有以下三个方面。

螺旋桨噪声

螺旋桨的转动声、叶片的振动声、螺旋桨转动时产生的湍流声、螺旋桨高速运转时叶片表面形成的空泡现象等均能产生不同噪声。

解决方法：需研究和设计一个低噪声

> 图166 螺旋桨产生的水流激起的白色浪花和气泡会产生噪声

第5章 揭秘重器——水雷战舰艇的独特布置和关键设备

> 图167 舰艇高速航行时艏部和两舷水面激起的白色浪花和气泡会产生噪声

螺旋桨,通常通过调整优化螺旋桨的几何尺寸来避免和延迟空泡的产生。另外,可以采用高阻尼合金材料制造桨叶,以降低螺旋桨噪声。

机械振动噪声

舰艇内部的各种转动和往复运动的机械,在工作时会引起船壳振动,这种振动引起的噪声会传入水中,成为一种水下噪声源。

解决方法:尽量减小机械的旋转不平衡,减小齿轮、发动机阀门和链条传动部分的碰撞和摩擦,提高齿轮的制造精度,减小活塞的拍击和碰撞速度,保持活塞间隙小到合理范围等。另外,降低振动源到辐射表面的传递效率,能简单而有效地实现降噪,通常采用隔振、隔声、阻尼等实现。

例如,功率较大的扫雷发电机组是一个较大的振动源,把它安装在同时装备有上、下减振器的双层隔振的浮筏上,能获得较好的减振效果,大幅度降低其传递到船体的振动和噪声。

舰艇船体表面的水动力噪声

舰艇在航行时,特别是当航速提高至某一速度时,船体表面与水摩擦会产生较强噪声,主要是空泡和湍流噪声。

解决方法:优化舰艇的线型,减少水线以下船体的突出部分,从而使线型光顺流畅明洁,可降低舰艇在高速航行时所产生的水动力噪声。

针对上述三种产生噪声的原因,采取与其相关的有效设计措施,可以使舰艇获得低噪声效果。

低磁性材料舰艇——磁场世界的"隐身人"

许多水雷是使用磁引信引爆的,任何一种金属接近,都会引起磁引信感应而引起爆炸。为增加扫雷时的安全性,科技人员精心设计研制了低磁钢或玻璃钢反水雷舰艇和装备。顾名思义,这类扫雷舰艇的磁性很低,不易诱发磁引信水雷爆炸,确保反水雷舰艇自身安全。

在磁引信水雷附近,低磁钢或玻璃钢反水雷舰艇是"隐身人"。从水雷的发展趋势可以看出,无磁性扫雷装备具有更安全、更有效、更有发展潜力的优势。

稳若泰山——动力定位设计

反水雷舰艇,尤其是猎雷舰艇在猎雷作业时,在放出灭雷具后,为了确保灭雷具的安全和投灭雷弹时能准确地向锚雷雷索挂上爆破割刀,舰艇需要保证本身位置和船艏方向基本不变。但是,舰艇在海洋中航行要遭受风、波浪和海流力的作用,这些因素对于舰艇在纵向、横向和艏向三个自由度的运动会产生严重的干扰。

舰艇动力定位系统就是反水雷舰艇的定海神针,它是利用艉部全回转螺旋桨推进器和艏侧推装置控制舰船位置及艏向的重要系统,以实现自动航迹保持或定点控位。

艉部全回转螺旋桨推进器的水下推进部分,在舱内动力机构的带动下,可围绕

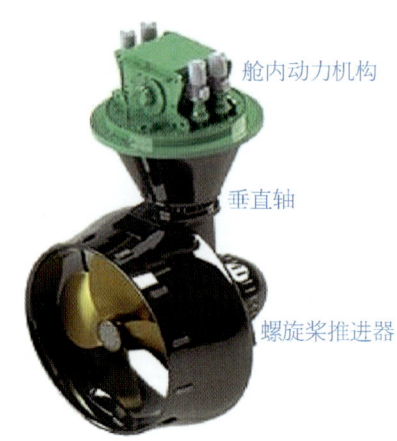

> 图168 猎扫雷舰装备有艉部全回转螺旋桨推进器装置

其垂直轴线360度向任何方位推进,有利于舰船转向控制。

两套艏侧推装置为舰船提供向左转或向右转的动力,同样有利于舰船转向控制。

> 图169 俄罗斯海军玛瑙级远洋猎扫雷舰装备有艏侧推装置

独有大飞轮——发电机组特殊储能器

电极式电磁扫雷具和螺旋管式电磁扫雷具工作时都需要扫雷柴油发电机组提供可任意改变方向的大电流脉冲，瞬时功率非常大，常规柴油发电机组无法满足这一要求。

扫雷需要可任意改变方向的大电流脉冲，瞬时脉冲功率非常大，平均功率大约仅是脉冲功率的一半。如果按平均功率选用常规柴油发电机组，则无法满足脉冲功率的要求。

因此，必须设计一种特殊的扫雷柴油发电机组，即在常规柴油发电机组的柴油机与直流发电机之间加一个大飞轮。这样，当扫雷电流脉冲处于0值时，直流发电机发出的电流为0安培，功率也为0千瓦，此时称为脉冲的间隙时间，柴油机可以将全部功率用来带动大飞轮及无电流空载的直流发电机无电流的转子加速旋转到达最高转速。这时，接通电磁扫雷具的负载产生大

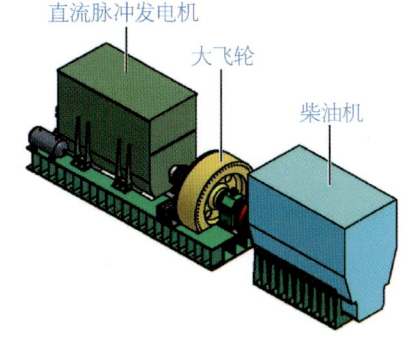

> 图170 扫雷柴油发电机组构成示意图

> 图171 扫雷柴油发电机组在陆上调试

电流脉冲，柴油机发出的功率不够，就可由高速转动的大飞轮储存的动能作为补充，完成脉冲周期，实现脉冲扫雷工况。

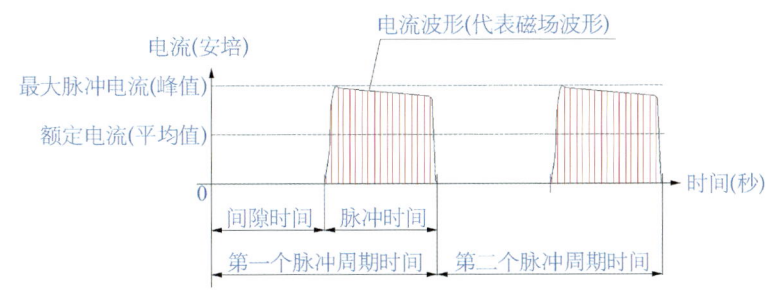

> 图172 扫雷柴油发电机组发出的扫雷电流脉冲波形图

第 6 章

逐步领先
——中国水雷战舰艇的发展历程

中国水雷战舰艇的研制经历了从仿制到自行研发设计建造、从小到大、从落后到先进的发展过程。从20世纪50年代仿制基地扫雷舰到自行研制世界第一艘低磁钢扫雷艇，再到研制猎扫雷艇，其扫雷和抗冲击能力已经达到国际先进水平。

长江口扫雷

1949年新中国成立，但沿海有些岛屿尚未解放，盘踞在沿海岛屿上的国民党残部伺机捣乱。1950年1月，国民党军舰在长江口南航道布设水雷20余枚，企图封锁航道，窒息上海港。为保障航运安全，恢复国民经济，华东军区命令华东军区海军组织力量，在短期内完成扫除水雷的任务。

这是新中国海军执行的第一次扫雷任务。为此，华东军区海军迅即组建扫雷舰大

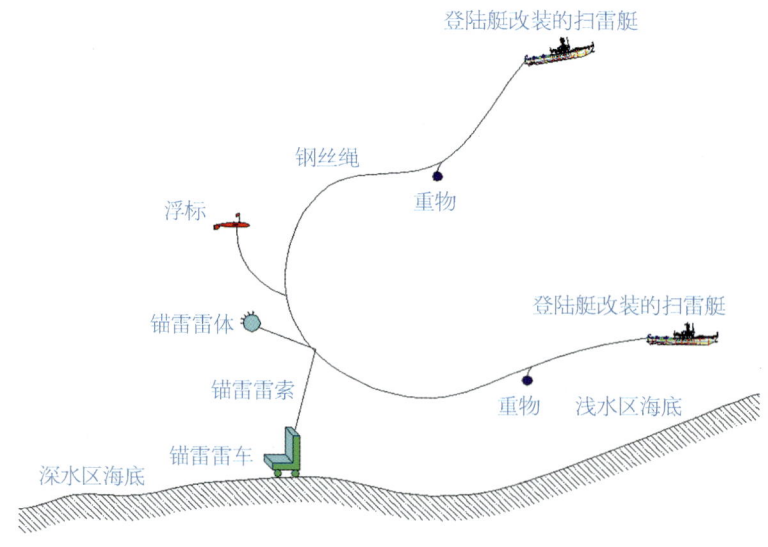

> 图173　2艘登陆艇改装的扫雷艇同时拖扫锚雷示意图

> 图174 人民海军扫雷舰大队官兵打捞出第一枚锚雷时在长江边笑逐颜开

队。经过短期训练，1950年6月19日，以10艘登陆艇改装为扫雷艇，人民海军开始对长江口南航道进行第一次扫雷，但因缺乏经验、扫雷艇拖力不足等原因，未扫到水雷。

同年9月21日，人民海军进行第二次扫雷，改装4艘登陆舰为扫雷舰，另派1艘舰为布标舰，4艘登陆艇为联络、救护船，另派几艘炮艇担任警戒和掩护，对长江口约33海里航道进行扫雷。当时扫雷具极为简单，扫雷艇后面拖曳一根挂有重物的浮标钢丝绳，捞到锚雷后，从深水区拖到浅水区，再由人工处理，用炸药把水雷炸毁。当时就用这样简单的扫雷具在长江口水域来回拖曳扫雷。

当扫出第一枚水雷后，大家信心倍增，再接再厉，投入更多类似的扫雷艇和简易扫雷具。

经过反复搜索，至1950年10月底顺利结束扫雷，宣告航道畅通，创造扫雷奇迹，在长江口消除了威胁中外商船的"死亡之神"——水雷。

长江口水域的航道扫雷任务虽然成功完成，但人民海军深切体会到了没有专用反水雷舰艇的切身之痛，也逐步认识到了发展反水雷舰艇的必要性和重要性。

中国发展反水雷舰艇是在20世纪50年代从苏联引进基地扫雷舰开始的。先后研制了港湾扫雷艇、低磁钢扫雷艇、第一代遥控扫雷艇、玻璃钢扫雷艇、艇具合一式扫雷艇、猎雷艇、新一代扫雷舰等。

人民海军扫雷官兵扫出第一枚锚雷场景

1950年9月底，经过几十天的努力，刚刚组建不久的扫雷舰大队的扫雷官兵终于扫出第一枚锚雷，并且把它拖曳到岸边浅水区，也顾不上是否危险，站在水中对它又是摸又是揾，一个个欢天喜地、笑逐颜开。

仿制初始型基地扫雷舰

1953 年5月,根据《关于苏联援助中国发展国民经济的协定》,中国向苏联购买了初始型基地扫雷舰和改进型基地扫雷舰的技术资料、器材设备,并进行仿制。

首舰于1955年3月开工,1956年12月交船。

初始型基地扫雷舰为双柴油机推进、双轴定距螺旋桨、单甲板长艏楼船型。

该舰配备双管中口径双管舰炮和小口径双管舰炮;还配备有反潜声呐及大型深水炸弹发射装置;舰上扫雷装具包括截割扫雷具、声频扫雷具、电极型电磁扫雷具,可在沿海扫除电磁感应、磁性、声频及其联合引信水雷和锚雷。

该舰在当时已不算先进,不过对于刚刚起步的人民海军扫雷部队来说,由以前土法上马改装的原始扫雷艇转变为正规的拥有新装备的扫雷舰,也是一个不小的飞跃。

> 图175　从苏联引进的初始型基地扫雷舰

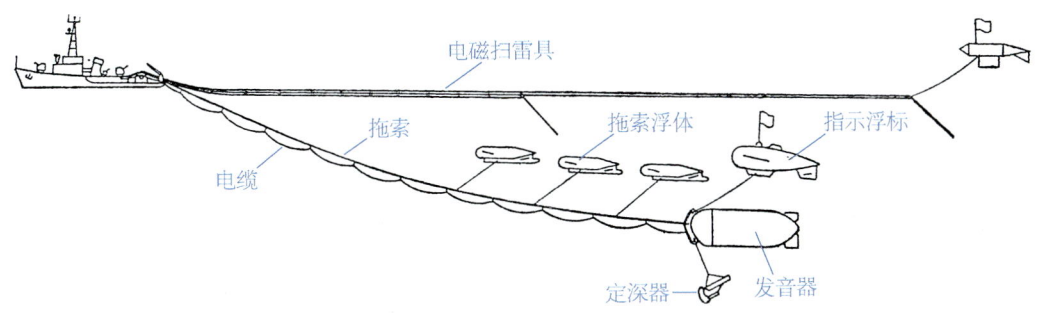

> 图176 从苏联引进的初始型基地扫雷舰拖曳的声、磁扫雷具

引进改进型基地扫雷舰

改进型基地扫雷舰是在初始型扫雷舰基础上进行改进,首舰于1956年7月开工建造,1958年9月交船。

该型扫雷舰在排水量、火力、扫雷能力、推进方式、航速和可操作性等方面都有很大提高。该舰于1974年在西沙海域巡逻时反击入侵,荣立战功;1980年荣获六机部第七研究院科学技术成果奖、第六机械工业部技术进步三等奖。

在当时海军水面舰艇部队装备的各型苏制舰艇中,初始型和改进型基地扫雷舰大小适中,拥有比较大的续航力、自持力,以及较好的适航性,而且设备较全,火力较强,航程基本满足对海防的需要。这两型舰战时可以执行扫雷、布雷、配合反潜、巡逻、警戒、护航等任务,平时可以执行各项训练任务,并能担负一定的人员和军需物资的运输任务。

通过对这两型舰的引进制造,人民海军逐步掌握了世界先进的扫雷技术,并真正形成了较为先进的扫雷能力。

初始型和改进型两型扫雷舰,在建国初期不仅肩负扫雷任务,而且因其火力强大还担负着海上巡逻警戒等任务,它们多次参战,战绩较佳。

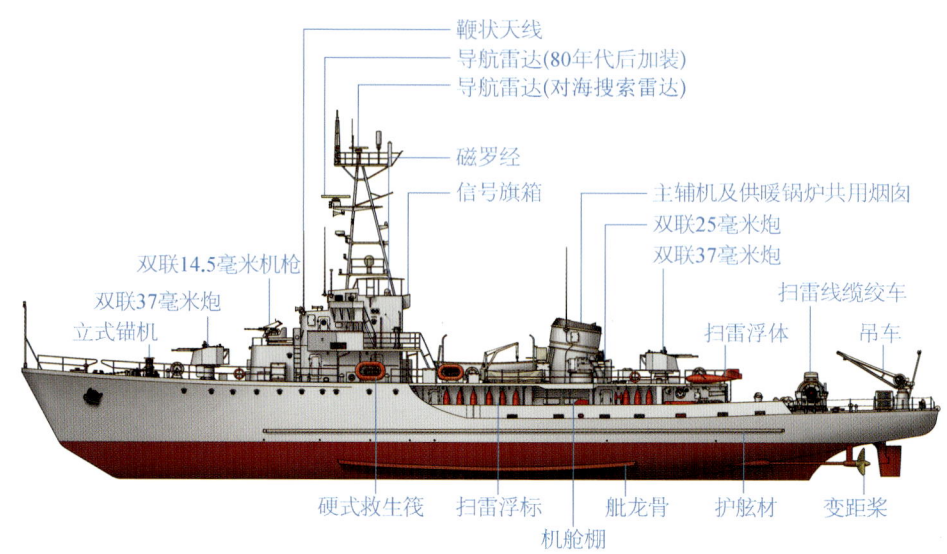

> 图177 引进改进型基地扫雷舰侧视图

> 图178 引进改进型基地扫雷舰实船

第6章 逐步领先——中国水雷战舰艇的发展历程

> 图179 引进改进型基地扫雷舰编队航行

> 图180 引进改进型基地扫雷舰前部武器装备

> 图181 改进型基地扫雷舰后部武器装备

港湾扫雷艇
首艘自行设计建造的扫雷艇

港湾扫雷艇是一型可在港湾、江河执行扫雷、布雷和巡逻等多种任务的扫雷艇。它可在低海况下执行扫雷任务，在中海况下执行巡逻任务，并保持足够的稳性。首艇于1959年2月开工建造，1962年12月交船。

该艇采用钢质、单层甲板、倾斜舷柱结构，装备有拖曳式小型截割扫雷具、声频扫雷具和环圈式电磁扫雷具，可在江河、港湾扫除电磁感应、磁性、声频及其联合引信水雷和锚雷。

该型港湾扫雷艇是中国第一艘自行设计建造的采用普通钢的扫雷艇，1972年作为指挥艇参加了援越扫雷任务，扫除了多枚水雷，荣立战功。

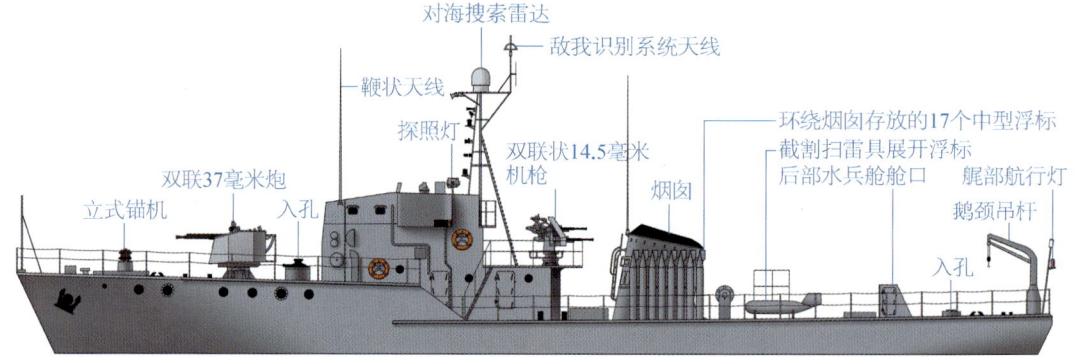

> 图182　港湾扫雷艇侧视图

> 图183　港湾扫雷艇

第6章 逐步领先——中国水雷战舰艇的发展历程

初级无人艇

第一代遥控扫雷艇

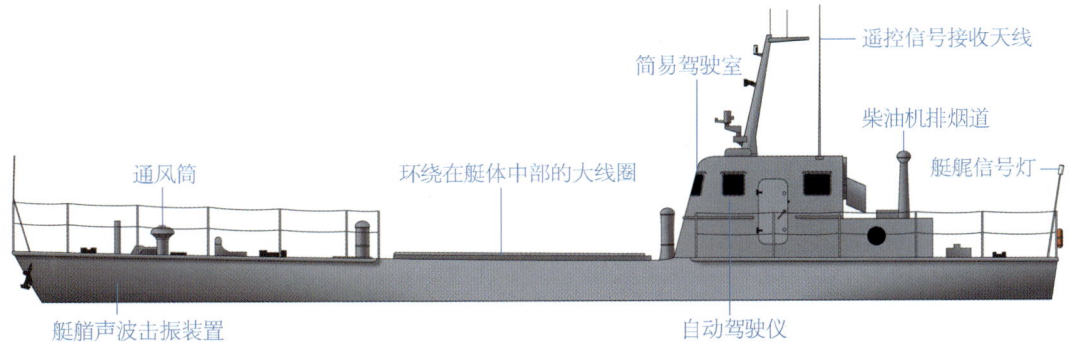

> 图184 第一代遥控扫雷艇侧视图

为满足反水雷作战的需要,20世纪60年代末开始研发遥控扫雷。该项设计的原则是:快速、有效、机动灵活、无人操作,保证人员安全。为此,科技人员大胆创新,摆脱了拖曳式扫雷具和有人驾驶扫雷艇的传统模式,以艇具合一式和无人驾驶这样两个新颖的构想研制出了该型扫雷艇,被称为第一代遥控扫雷艇。首艇于1970年6月开工建造,1972年7月交付使用并参加援越扫雷。

第一代遥控扫雷艇是装备有特殊扫雷装置的艇具合一扫雷艇。艇型采用钢质单甲板、柴油机推进、单桨单舵型,操纵方式为无线电遥控,必要时也可由人工驾艇扫雷。该型艇可在几海里(约数千米)以内的距离遥控扫雷,具有很好的安全性。

> 图185 第一代遥控扫雷艇建造中

> 图186 第一代遥控扫雷艇航行照片

> 图187 第一代遥控扫雷艇锚泊照片

该艇可在江河、港湾扫除磁性、声频及其联合引信水雷。

1972年5月应当时越南政府的请求，人民海军于7月派出第一代遥控扫雷艇帮助扫雷，在不长时间里就取得辉煌战绩，仅在海防港航道上就扫除了美国MK-52型磁性水雷和MK-42型磁性水雷数枚，打通了海防港的部分航道，荣立战功，赢得国际反水雷界的重视和好评。

该型艇于1978年3月获"全国科学大会奖"。

> 图188 全国科学大会奖奖状（合作成果第3项）

无影无踪

低磁钢扫雷艇

为提高中国水雷舰艇的磁隐身防护能力，1967年中国开展了低磁钢扫雷艇的研制工作。首艇于1969年11月开工建造，1970年12月交船。该型艇采用低磁钢材质，可在江河、港湾扫除电磁感应、磁性、声频及其联合引信水雷和锚雷。

第6章 逐步领先——中国水雷战舰艇的发展历程

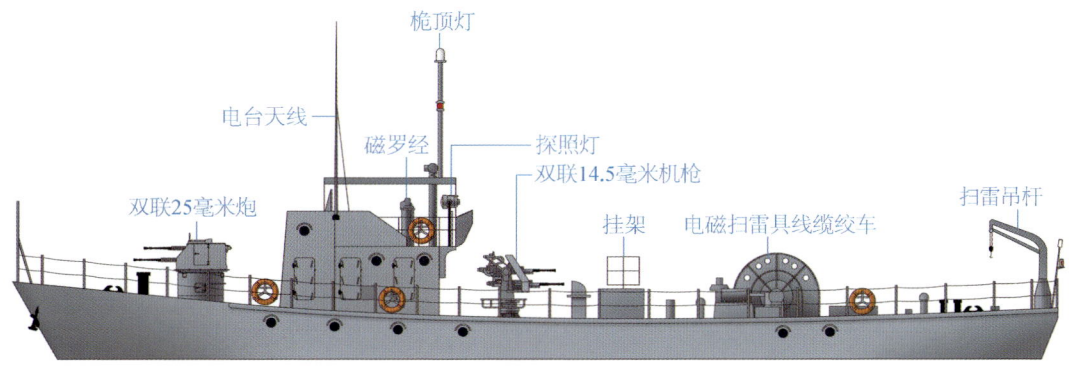

> 图189 低磁钢扫雷艇侧视图

> 图190 低磁钢扫雷艇照片

首艇参加了援越扫雷任务,扫除了多枚水雷,荣立战功。

该型艇于1978年3月荣获"全国科学大会奖"。

> 图191 全国科学大会奖奖状（第2项）

低磁钢

普通钢铁是磁性材料,在一定磁场强度的磁场中会被磁化。普通钢铁因成分不同,其相对磁导率μ也相差很大。

工程中规定,$\mu < 1.2$的材料称为无磁性材料;相对磁导率$1.2 < \mu \leq 2.0$的材料称为低磁性材料;$\mu > 2.0$称为磁性材料,或称为铁磁材料。

随着科技发展,在钢铁中加入某些合金,可制成低磁钢,例如锰铝合金低磁钢及镍铬低磁不锈钢等。在造船中,合金低磁钢用于建造船体,而低磁不锈钢用于制作箱子、架子。

隐蔽幽灵
无磁性玻璃钢扫雷艇

> 图192　玻璃钢扫雷艇

由于低磁钢加工难度大，制约了扫雷艇的批量建造。为了进一步降低扫雷舰艇的剩磁，更好地隐身，开发出新的无磁性材料，研制了中国第一型玻璃钢扫雷艇。该艇于1972年5月开工建造，1975年11月交船。

玻璃钢扫雷艇可在江河、港湾扫除电磁感应、磁性、声频及其联合引信水雷和锚雷。

该型艇于1978年3月荣获"全国科学大会奖"。

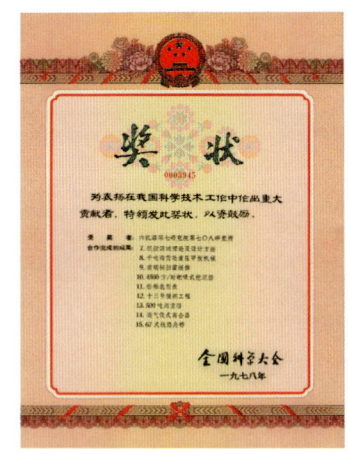

> 图193　全国科学大会奖奖状（第9项）

第6章　逐步领先——中国水雷战舰艇的发展历程

闪耀明星

艇具合一式港湾扫雷艇

以往的港湾扫雷艇采用的声、磁扫雷具均为拖曳式扫雷具，艇后面拖着一条"大尾巴"，不便于在岛礁海域及狭窄航道进行扫雷作业。为了能够灵活机动进行扫雷作业，必须研制一型把声、磁扫雷具装在艇肚子里的艇具合一式港湾扫雷艇。

该型艇首艇于1984年10月开工建造，1987年12月交船。

该型艇装备小口径双管舰炮、拖曳式小型截割爆破扫雷具（接触扫雷具）、艇具合一式电磁扫雷具、艇具合一式声频扫雷具、艇具合一式次声（非接触扫雷具）等。

电磁扫雷具的铁心线圈组合起来是个庞然大物，在陆上联调时几乎占据了大半个车间，要把它们装进艇内狭小的底舱谈何容易！

设计团队的武备专业设计师编制了从主机舱棚口分段进舱的安装工艺，圆满解决这一难题。

声频扫雷具发声装置较复杂，体积不小，要布置安装在狭窄的底舱也并非易事。武备专业设计师编制了声频扫雷具发声装置安装原则工艺，又圆满解决这一难题。

该型艇可在沿海、港湾、江河昼夜扫除非触发引信的磁、声及次声引信的沉底水雷和锚雷。

扫雷时实现主甲板以下无人作业，作战人员位于上层建筑的驾驶室，对扫雷具及机电设备进行集中控制，确保人员和设备安全。

该型艇首艇交船后进行实扫战雷试验。

小贴士

玻璃钢

玻璃钢是指树脂与增强纤维通过特定的成形工艺，固化后形成的材料。用于舰艇制造的玻璃钢主要采用环氧树脂加玻璃纤维制成。

玻璃钢具有质量轻、强度高、减振吸振性能好、无磁性、耐腐蚀、电化学性能优良、易于整体成型等优点，在国内外游艇、公务船、工作艇、救生艇、交通艇等小型船只以及反水雷舰艇上得到广泛应用。

> 图194 艇具合一式港湾扫雷艇效果图

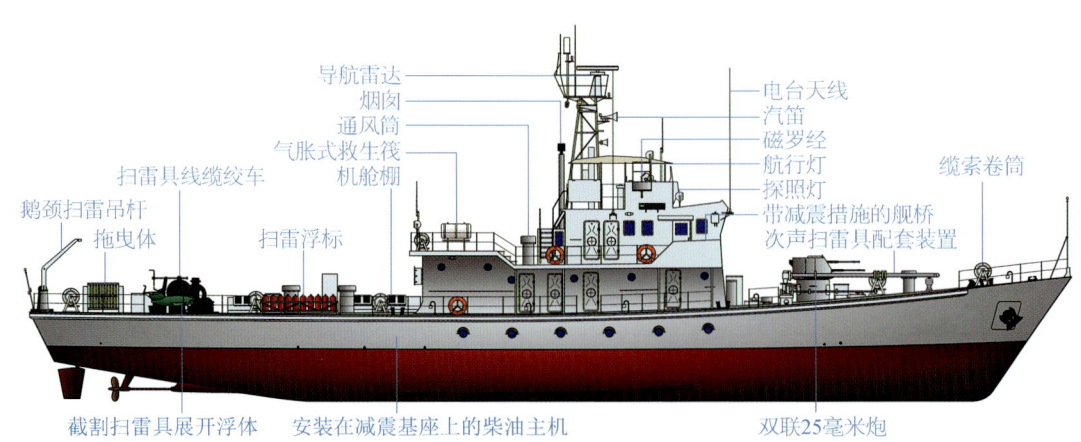

> 图195 艇具合一式港湾扫雷艇侧视图

第6章 逐步领先——中国水雷战舰艇的发展历程

> 图196 艇具合一式港湾扫雷艇首艇剖视图

> 图197 电磁扫雷具铁心线圈在陆上试验

> 图198 电磁扫雷具铁心线圈的半圆形托架下支座在艇内安装

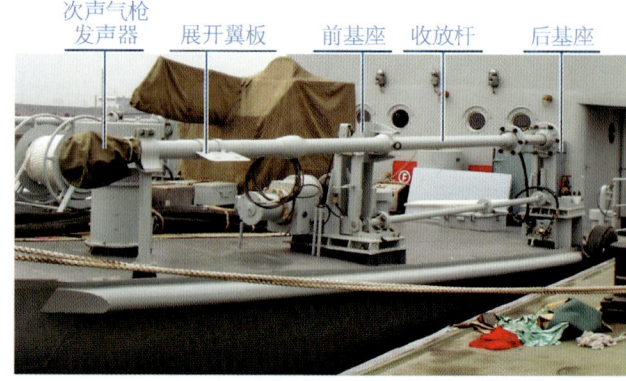

> 图199 次声扫雷具次声气枪发声器收放装置

> 图200 科技人员（本书第一作者，左2）庆祝首艇下水典礼

扫雷艇上的指战员利用扫雷武器系统能不断变换声、磁、次声扫雷工作参数的性能，交替使用不同的扫雷具波形、周期时间、正负脉冲方向，进行扫雷作业。扫雷艇由远及近，最近至几十米，反复航行扫雷。经过几个小时坚持不懈的努力，海面上突然"轰"一声巨响，出现了几十米高的冲天水柱。大家欢呼雀跃，互相握手拥抱，热烈庆祝扫爆了这枚"神密"的水雷。

该型艇服役后，使用极其方便，多次出色完成任务，立功受奖，成为海军扫雷明星艇，深受部队欢迎，还引起外国军方的兴趣和关注，多国军事代表团上艇参观，对该艇给予高度评价。

该型艇实现了扫雷功能齐全、机舱无人化、抗冲击能力优异等研制目标，许多性能达到世界先进水平。

该型艇于1993年12月荣获国家科学技术进步二等奖。

第6章 逐步领先——中国水雷战舰艇的发展历程

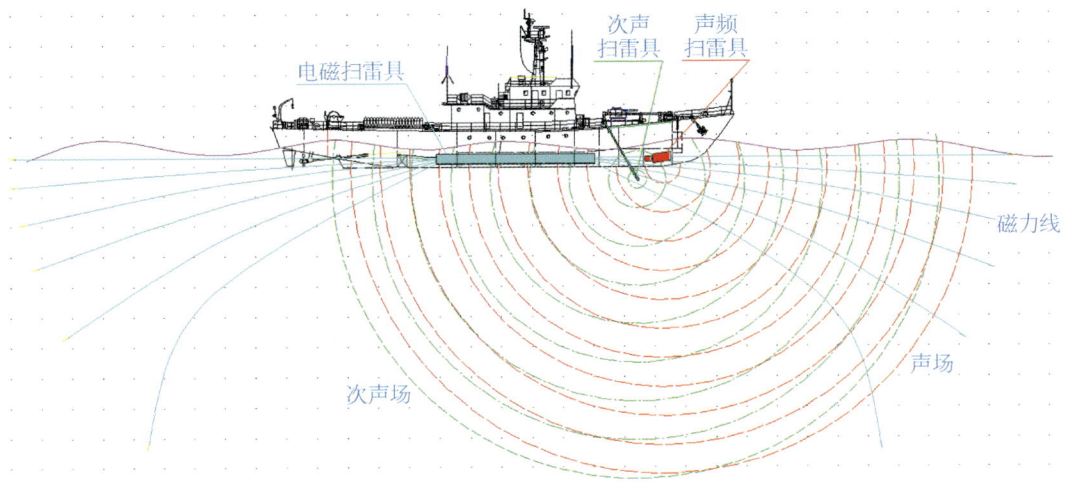

> 图201 艇上三型非接触扫雷具磁、声、次声物理场示意图

> 图202 艇上指战员在主甲板集控室对扫雷具及机电设备进行集控操作训练

> 图203 扫雷部门战士在艇艉布放扫雷具

试验用战雷参数保密趣闻

如果扫雷舰艇预先知道要扫除的水雷引信种类和参数，那么只要根据已知的水雷引信和参数来设定扫雷具的种类和参数，扫雷作战便可"对症下药""手到病除"，轻而易举地扫除水雷，这就脱离了实战条件，失去了真正考核扫雷艇作战效能的意义。

因为试验用的是国产战雷，所以试验指挥部规定：切断布雷舰与扫雷艇之间的所有通信联系，试验用水雷的引信种类和参数由布雷舰上海军水雷业务长与研究所技术人员在布雷之前临时各自设定不同项目的参数，再组合成完整的水雷参数后立即布放。水雷布放后，两人将被"关押"在同一舱室内，互相监督，不能会见第三者。

> 图204　艇具合一式港湾扫雷艇在航行中

> 图205　艇具合一式港湾扫雷艇成功扫爆战雷

第6章 逐步领先——中国水雷战舰艇的发展历程

> 图206 外国军事代表团在艇具合一式港湾扫雷艇艏甲板上参观

> 图207 艇具合一式港湾扫雷艇编队前往训练作业海区

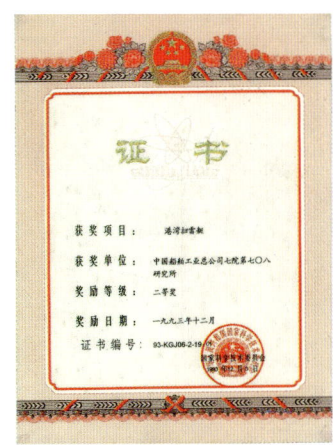

> 图208 国家科学技术进步二等奖奖状

火眼金睛
新型猎扫雷舰

水雷有各种各样的引信，这些引信可以定时和定次设定，传统的扫雷舰艇往往难以扫除。这就需要采用能够对付各种水雷引信的具有新型的猎雷手段和功能的反水雷舰艇，猎扫雷舰艇就有这种手段。猎扫雷舰首舰于2004年4月开工建造，2005年3月交船。该型舰装备有能发现和识别水雷的猎雷声呐（由探测声呐和识别声呐组成），水雷被确定后，猎扫雷舰可向水中放出线控自航式灭雷具，将水雷猎除。该舰还可以遥控3艘第二代遥控扫雷艇进行遥控扫雷作业。

该型舰为中国具有猎扫雷能力的新型反水雷舰艇，舰体采用低磁钢材料建造，装备有低磁主机、低磁电站、低磁动力定位设备及许多其他低磁设备。艇的剩余磁场小，磁隐身性能好。其猎雷声呐由探测声呐和识别声呐组成：探测声呐发现可疑目标的作用距离远，就像"千里眼"，对较远处水域是否有可疑物体能够明察秋

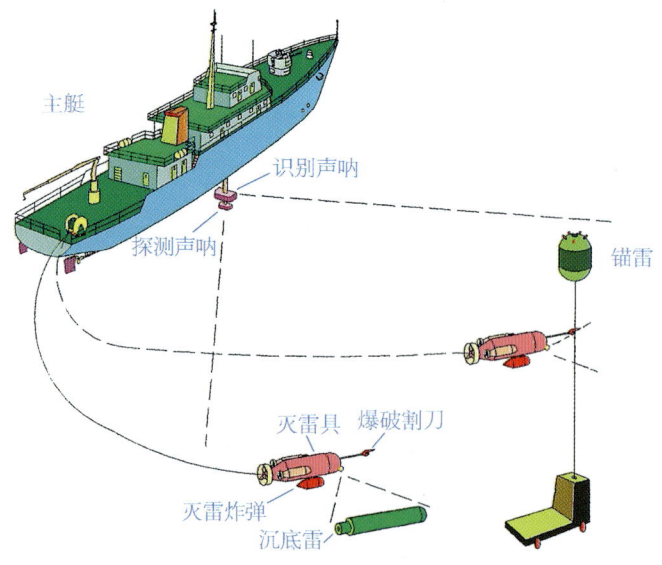

> 图209 新型猎扫雷艇作业示意图

第6章 逐步领先——中国水雷战舰艇的发展历程 123

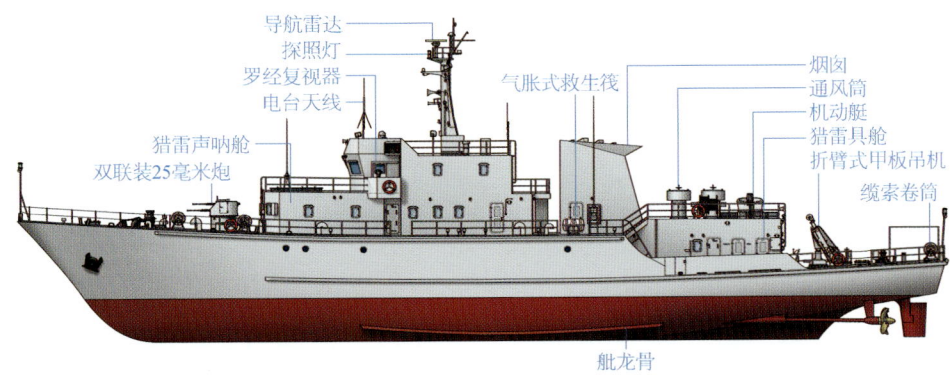

> 图210 新型猎扫雷艇侧视图

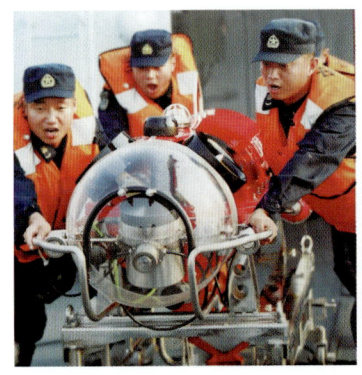

> 图211 猎雷准备工作：把灭雷具推向艇艉

> 图212 海军官兵正在吊放灭雷具

毫；识别声呐则能够具体辨别是水雷还是其他物体，犹如孙悟空的"火眼金睛"，能够清楚地辨明真伪。

全舰功能设备均使用了双层隔振或浮筏装置，达到了减振、降噪及抗冲击的防护要求；装备了集猎雷、灭雷和遥控扫雷为一体的猎扫雷作战武器系统，可与配套使用的3艘第二代新型遥控扫雷艇编队扫

> 图213 灭雷具已经吊到水面

除声、磁及其联合引信的水雷。

其中，猎雷声呐、灭雷具和动力定位系统等新型设备，自动化程度高，填补了中国猎扫雷功能空白。

该型舰曾在长江口水域和试验海区对水底障碍物、试验中丢失的某水中兵器进行多次成功探测及打捞，为国防装备建设作出了贡献。

该型舰设计于2008年10月荣获中国船舶工业集团公司科学技术进步二等奖。

> 图214 工作艇前往打捞训练雷

> 图215 新型猎扫雷舰效果图

> 图216 新型猎扫雷舰实船照片

第6章 逐步领先——中国水雷战舰艇的发展历程 | 125

> 图217 新入编的"昆山"号猎扫雷舰

> 图218 新型猎扫雷舰编队出击

> 图219 新型猎扫雷舰与配套的3艘第二代遥控扫雷艇一起航行

一览众山小

新一代基地扫雷舰

由于科学技术的迅猛发展，水雷引信技术得到极大的提高，出现了能够识别常规扫雷具物理场与舰船物理场的智能水雷。这种智能水雷具有记忆和储存特定舰船的物理场能力，一旦接收到这种物理场信号，水雷就会爆炸，专门打击特定目标舰船，所以用以往的扫雷舰艇是无法扫除的。

新一代基地扫雷舰首舰于2004年4月开工建造，2007年2月交船。该型舰装备有能够精确模拟中国现有舰船声场和磁场的声磁联合扫雷具，可先行扫除这种智能水雷，为中国舰船畅通航行保驾护航。

该型舰同时装备有能够大面积扫除常规声、磁引信水雷的声磁联合扫雷具，以便快速打通航道。

该型舰还装备有大型截割爆破扫雷

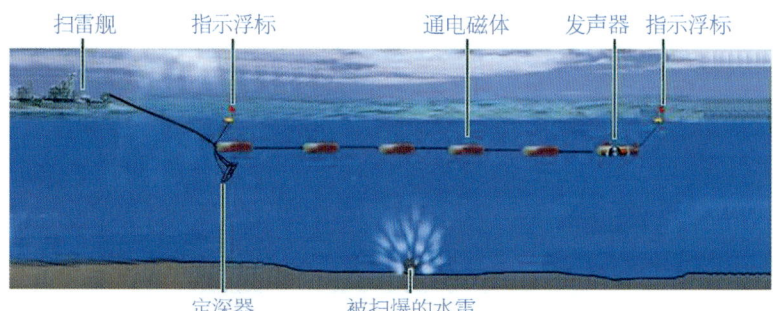

> 图220 能够精确模拟舰船声场和磁场的声磁联合扫雷具效果图

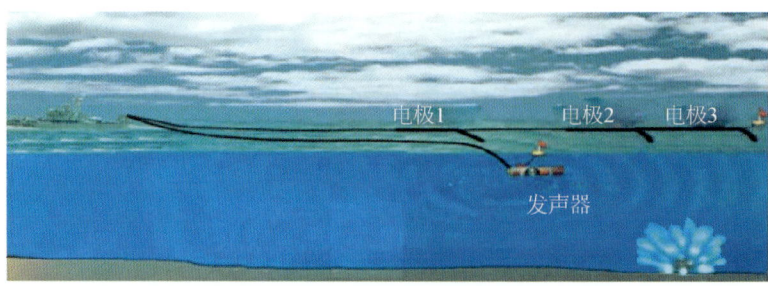

> 图221 能够大面积扫除常规声、磁引信水雷的声磁联合扫雷具效果图

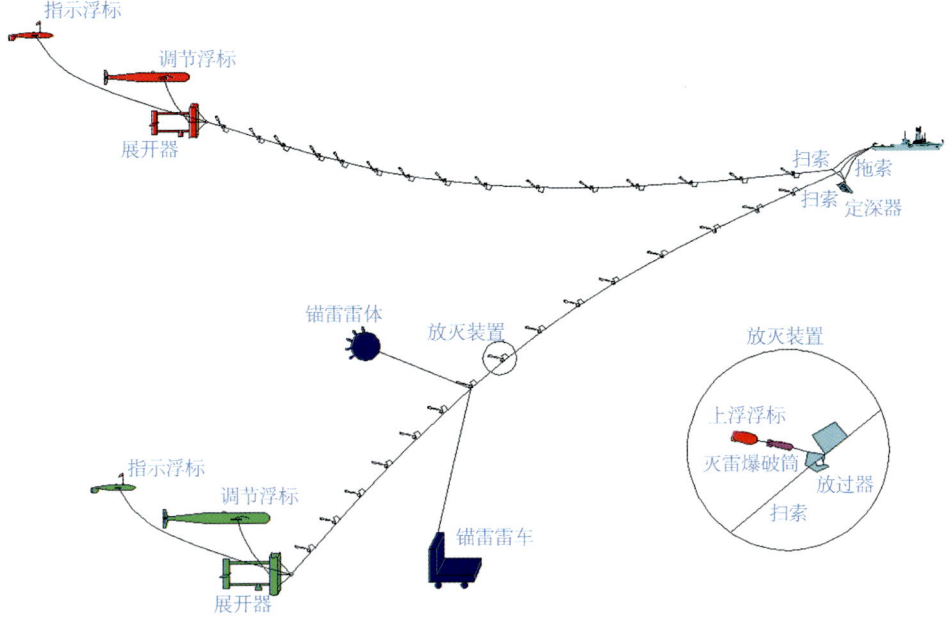

> 图222 大型截割爆破扫雷具放过灭雷工况示意图

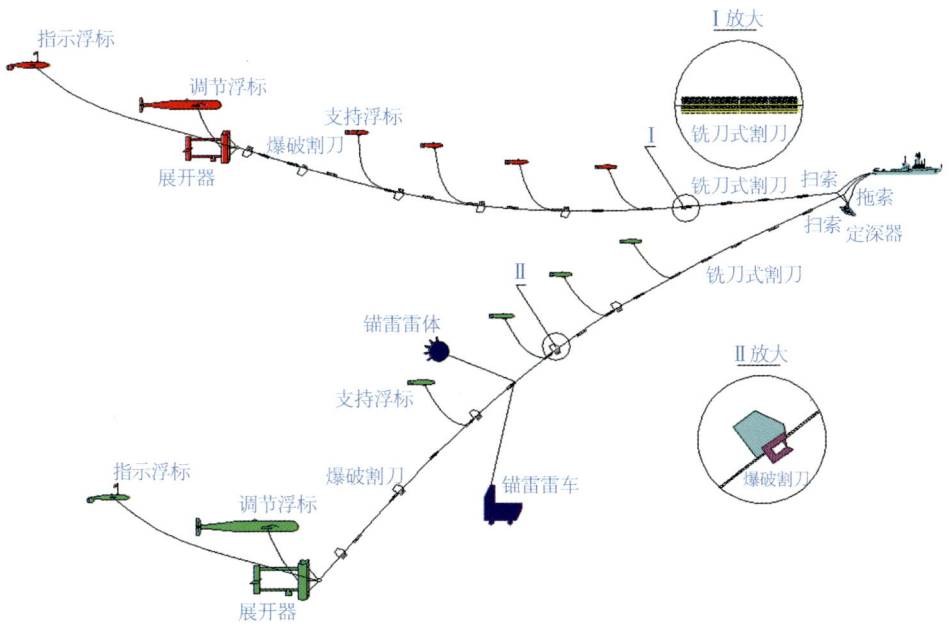

> 图223 大型截割爆破扫雷具截割爆破工况示意图

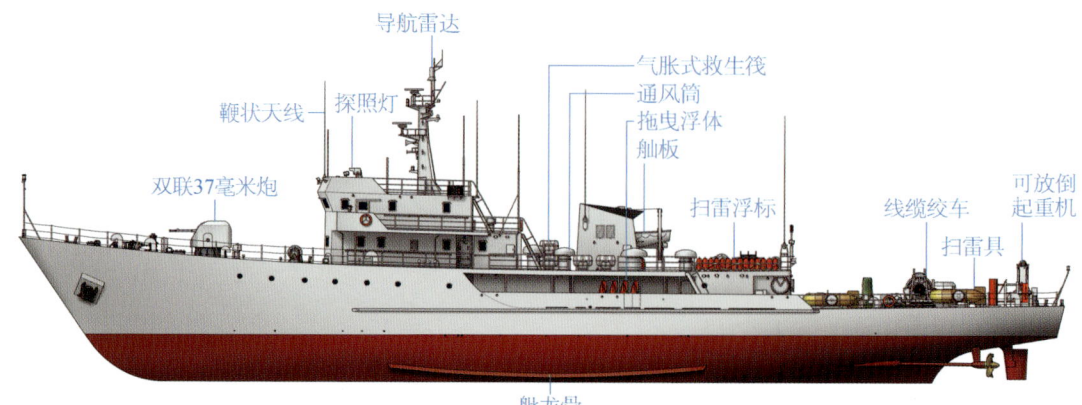

> 图224 新一代基地扫雷舰侧视图

具，可大面积快速扫除各种锚雷。

新一代基地扫雷舰采用低磁钢主船体、铝合金甲板室、单甲板、长艏楼，双可变螺距调距桨，双舵，双柴油机推进。

> 图225 新一代基地扫雷舰在航行中

第6章 逐步领先——中国水雷战舰艇的发展历程　129

该型舰在声、磁防护和抗冲击方面有大幅度提高，主机、柴油发电机组进行低磁化处理；选用低噪声、抗冲击性能好的设备，主机、柴油发电机组等设备采取了浮阀、双层隔振等降噪、减振、抗冲等措施。

该型舰在舰内围井中装备有探雷声呐，使用时可伸出舰壳底部对前方一定宽度范围内进行探测，声呐发射的声波碰到水雷被反射形成回波，由声呐接收而被发现；一旦发现水雷后，该舰可进行规避，或布放标示浮标进行标示，或布放扫雷具将水雷扫除。

这一型舰艇总体性能优良、反水雷功能齐全、用途广泛，经试验和使用，其扫雷能力、抗冲击防护能力等各项指标填补国内空白。

因为舰上各型扫雷具都可以在扫雷控制室控制，舰员不用在甲板下的机舱操作，提高了人员的安全性。

因为舰上各型扫雷具都具备直接炸毁水雷或引爆水雷的功能，不需火炮进行二次处理，故可执行夜间扫雷任务。

> 图227　舰员晚上布放扫雷具以执行夜间扫雷任务

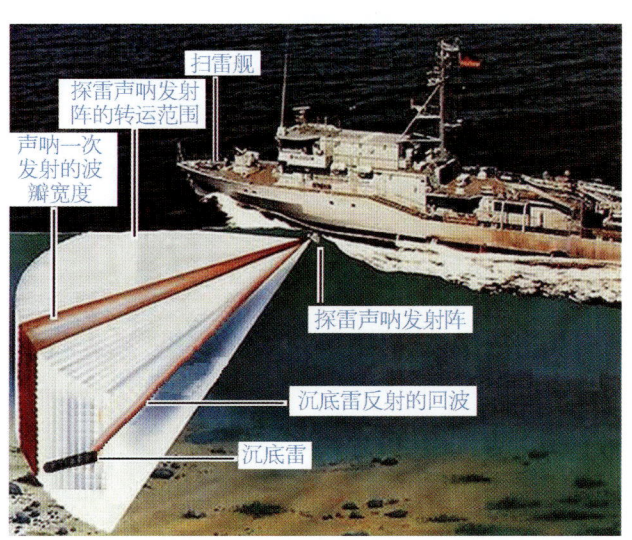

> 图226　探雷声呐探雷工作示意图

舰艇的试验验收

在舰艇建造完成后，需要对其进行系泊试验和航行试验的全面考核，这种考核必须在由军、厂、所三方组成的技术组人员严格的监控下进行，其中军方包括扫雷舰大队、舰方、驻厂所军事代表。所有试验记录数据在技术组的监督下由专人填写，在随后交船时由海军组成的验收委员会进行检查和质询，如果还有问题，必须解决后才能交船。

新一代基地扫雷舰还装备有扫雷宽度较宽的大型截割爆破扫雷具，不仅能割断或炸断各种锚雷的雷索或雷链，而且还能直接炸毁锚雷雷体，不用进行二次处理，便于夜间或雾天扫雷。

> 图228 布放截割爆破扫雷具的展开器

> 图229 正在布放各型扫雷具共用的指示浮标

> 图230 将电磁扫雷具推向舰艉准备布放

> 图231 正在布放声扫雷具的发声器

> 图232 布放线列阵电磁扫雷具的磁体

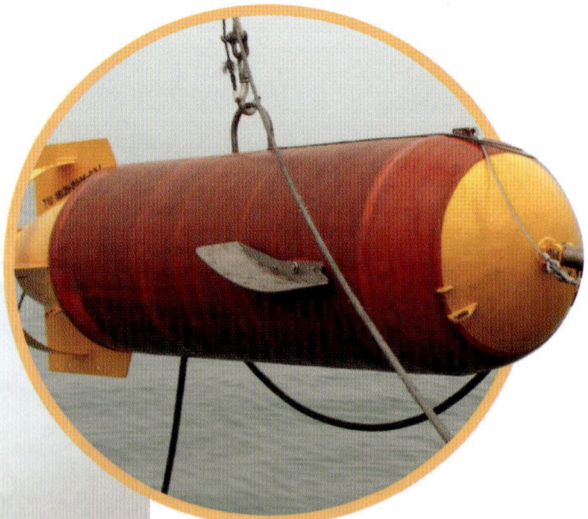

第6章 逐步领先——中国水雷战舰艇的发展历程

该型舰首舰服役后在长江口水域进行水底障碍物探测，建立了长江口水域水底障碍物数据库，为今后的扫海作业打下了基础。

该型舰于2013年12月荣获国防科学技术进步一等奖。

> 图233 多艘新一代基地扫雷舰进行编队航行

> 图234 新入列的"禹城"号扫雷舰

> 图235 国防科学技术进步一等奖奖状

新型布雷舰
布雷好像"下饺子"

传统的舰船布设水雷的方式,基本上是人力手推布放。为实现布雷机械化和自动化,世界各海军强国陆续研制了装备有新型自动化布雷机的布雷舰,大大提高了布雷点的精度与投雷速度,如同飞机扔炸弹环环相连,布雷如同下水饺一样,能达到快速无误。

中国自行研制的新型自动化布雷舰于1984年开工建造,1988年1月交船。主要担任近海、海峡水道的布雷封锁任务;平时也可作为目标舰,配合潜艇或小型舰艇海上训练;并可给其他舰船补给燃油、滑油、淡水、小型弹药以及其他供应品。

该型舰具有其独有的特性:能在九级海况下安全航行,在五级海况下安全布雷;两舱进水时不沉没;续航力长。

该型舰首舰有许多方面在国内和国外首创:

• 首次采用计算机控制,使布雷系统、自动化程度、布雷精度提高。

• 首次在大功率动力装置上。采用齿轮箱正倒车并研制出了一套功能齐全的主动力监控装置,提高了该舰的机动性和操纵性。

• 提高水雷装载量,解决纵通雷舱条件下的抗沉性和结构布局,改善舰员的工作和生活条件。

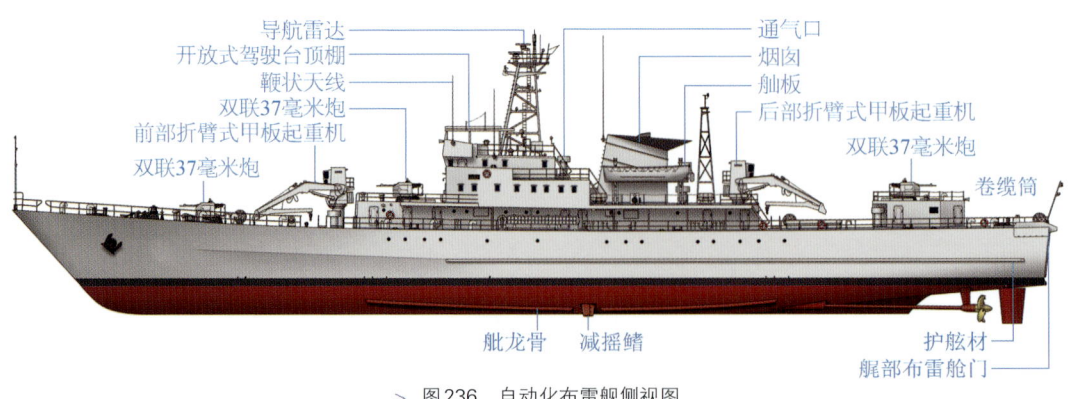

> 图236 自动化布雷舰侧视图

第6章 逐步领先——中国水雷战舰艇的发展历程

> 图237 自动化布雷舰在海上航行

> 图238 博物馆中展出的国产沉底水雷

第一代锚雷

第二代锚雷,采用感应式引信

> 图239 人民海军的第一代和第二代水雷

新型布雷舰不仅为中国海军提供了先进的布雷舰,填补了国内空白,而且与世界各国最新研制的布雷舰相比,上述多方面研究均处于前列,已达到国际先进水平。

该舰于1989年2月荣获中国船舶工业总公司科学技术进步二等奖。

> 图240 人民海军的第二代水雷——新型水雷

> 图241 人民海军的第一代大型锚雷吊运到舰上准备试布

> 图242 人民海军的新型智能水雷吊运到舰上准备试布

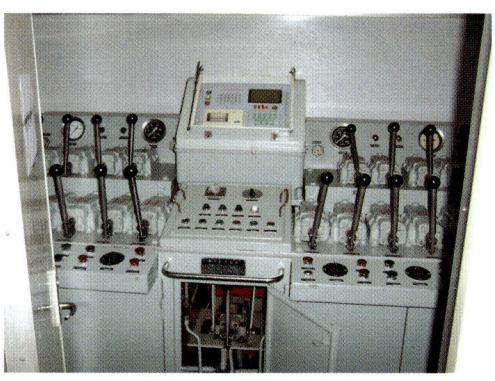

> 图243 布雷控制仪照片

> 图244 中国船舶工业总公司科学技术进步二等奖奖状

第6章 逐步领先——中国水雷战舰艇的发展历程

可程序控制
第二代遥控扫雷艇

第一代遥控扫雷艇采用的遥控技术是开放式系统，易受干扰，无法自主工作，随时需要船员在母船主控台操控；就像人们操纵无线电船模差不多，只能实现一对一的控制。

随着科学技术的发展，遥控扫雷

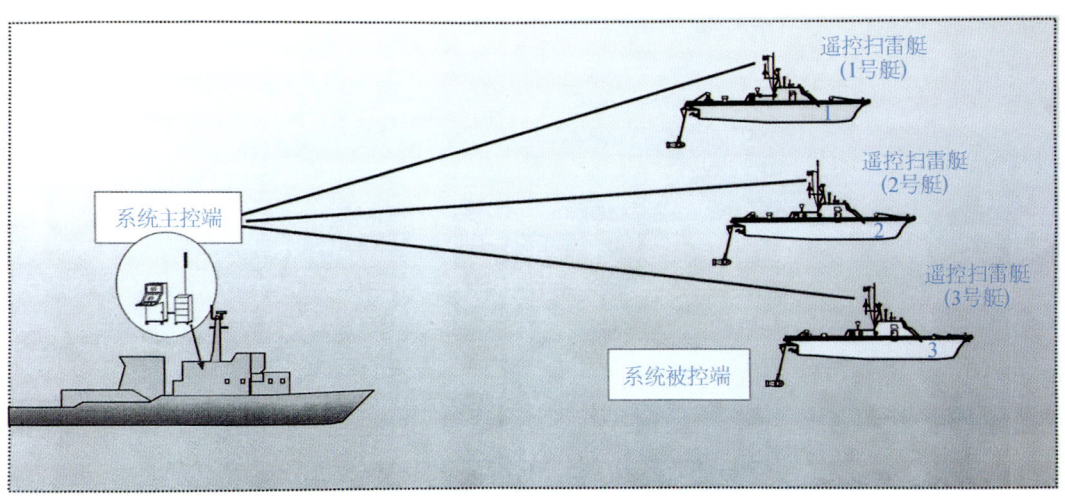

> 图245 第二代遥控扫雷系统组成示意图

> 图246 第二代遥控扫雷艇效果图

艇可在无线电遥控的基础上,进一步发展成可按预先设定程序自主执行扫雷作业,并自动将执行程序情况反馈回主控艇上的遥控扫雷控制台,可做到"接收指令→执行程序→反馈执行情况"的闭环控制,且不易受到干扰。这样,一位操纵员在主控艇上的遥控扫雷控制台就可不受干扰的同时控制三艘遥控扫雷艇执行不同的程序,做到一控三。

该型遥控扫雷艇于2005年12月荣获国家科学技术进步一等奖。

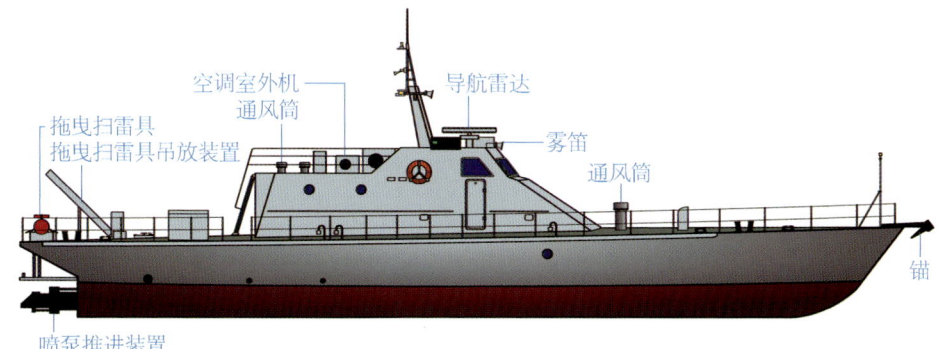

> 图247 第二代遥控扫雷艇侧视图

> 图248 3艘第二代遥控扫雷艇停靠在码头

第6章 逐步领先——中国水雷战舰艇的发展历程

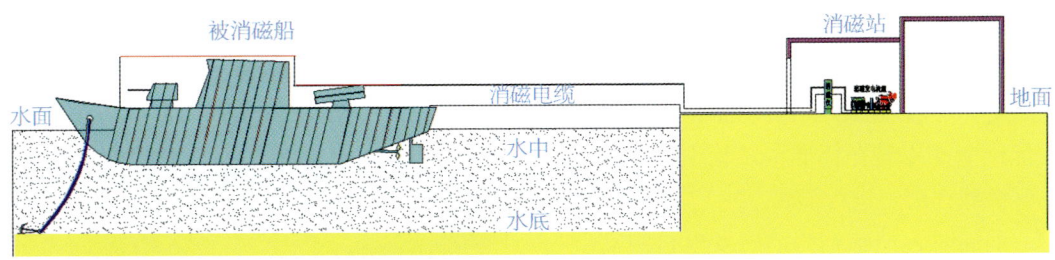

> 图249 消磁站对被消磁船进行消磁示意图

让舰船磁场消失

大型消磁船

中国消磁船是从无到有、从小到大、从落后到先进发展起来的。随着中国舰艇的增多,原有的消磁船不能满足舰艇的消磁任务,需研制新型消磁船。

消磁船是用于舰船磁场探测,并消除其磁性的一种辅助舰船。目的是最大限度地减弱舰艇的磁场强度,以提高对磁引信水中武器和磁力探测仪的防御能力,使舰艇不易被磁引信水雷探测和发现。

消磁船按其排水量大小,分为小型消磁船、中型消磁船和大型消磁船。

消磁设施有消磁站(消磁码头)、消磁船、消磁车等。基本有三种方法:临时线圈消磁法、固定绕组消磁法和消磁车消磁法。

传统消磁对作业场地要求严格,要选择在无风锚地、平潮时段进行。遇到海况变化频繁,一艘舰艇的消磁任务时常持续

小贴士

临时线圈消磁法、固定绕组消磁法、消磁车消磁

临时线圈消磁法:用于抵消舰船的固有磁场,由消磁船和消磁站执行。消磁站或船配有消磁发电机组、消磁线圈、磁场检测设备、控制装置等。一般要把消磁电缆按规定缠绕在被消磁舰船的船体上,通电消除磁场。消磁船在海上进行消磁,比较灵活。

固定绕组消磁法:用于补偿舰船的感应磁场,舰船自身敷设的固定消磁绕组进行自身消磁。

消磁车消磁:车载消磁站则是直接利用船体通电产生的电磁场进行消磁,舰艇不再需要"五花大绑"。技术人员为系泊在海上的护卫舰舰艏和舰艉分别焊接电缆连接器,再将消磁电缆依次连入舰艏舰艉,另一端连接至消磁电源车,即可展开自动测磁和通电消磁,消磁效率成倍提升。

十天半个月。而车载消磁站几乎不受海况和时段影响,使消磁作业"看天行事"成为历史。不仅如此,车载消磁设备经过集成优化全部安装在标准集装箱中,可由登陆舰搭载在海上进行消磁。

消磁时,消磁站的消磁发电机组需要发出强大的消磁电流,机组本身有较强的磁场,对被消磁的船会有影响。为了不让消完磁后的船被消磁站消磁发电机较强的磁场重新磁化,进行消磁时要求被消磁船与消磁站的消磁发电机组之间一般保持不小于50米的距离。

中国研制的中型消磁船交付使用后获得好评,该船消磁机组设计和消磁电源设备获1977年上海市重大科技成果奖,1978年获全国科学大会奖。

> 图250 在消磁站旁对绑扎好消磁电缆的舰船准备进行消磁

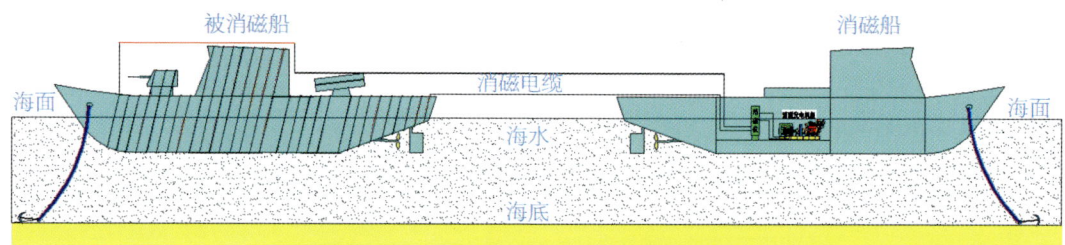

> 图251 消磁船对海上的被消磁船进行消磁示意图

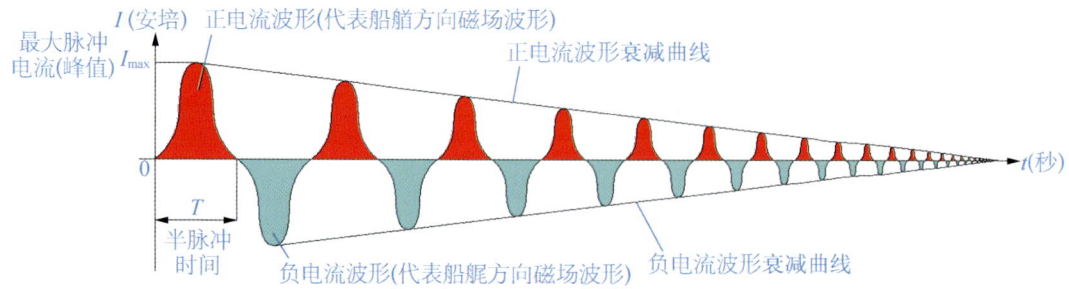

> 图252 正负交变电流逐步衰减的消磁电流波形示意图

第6章 逐步领先——中国水雷战舰艇的发展历程

> 图253 在消磁站旁对绑扎好消磁电缆的舰船准备进行消磁（侧视图）

> 图254 "东勤"号大型消磁船

小贴士

奇特的消磁电流波形

为了对舰船进行消磁，首先要在消磁的舰船外壳绕上许多圈电缆，再通以正负交变的电流，开始时电流的脉冲峰值最大，所产生的磁场一定大于欲消磁的舰船本身的剩余磁场，然后再让消磁电流波形逐步衰减，最后为零。这样，对欲消磁的舰船本身的剩余磁场也会随之越来越小。

> 图255 "南勤"号大型消磁船

大型消磁船充分利用已有技术成果和成熟装备,攻克了外消系统总体技术开发、消磁推进柴油发电机研制和联合消磁技术研发等关键技术。首船于1988年12月交船,交付使用后,证明其消磁能力大大提高,其总体性能和消磁能力达到世界先进水平。

> 图256 消磁人员给被消磁船绕消磁电缆

第6章 逐步领先——中国水雷战舰艇的发展历程

重视与奉献

党和国家重视国之重器——水雷战舰艇的研制。根据国情和需求，制订了水雷战舰艇发展规划，明确了中国水雷战舰艇的发展方向。1962年，时任六机部第七研究院院长的刘华清视察七〇八所，指出水雷战舰艇在海战中的重要性，并针对当时研发人员少，提出需要开办相关专业学习班，培养自己的水雷战舰艇及消磁船科技人员。经过筹备，1963年开办了扫雷及消磁学习班，培训了专业技术人员，逐步发展成一支设计研制水雷战舰艇及消磁船的专业科技队伍。

> 图257 马锦华总设计师（后排左3）带领产品组（本书第一作者，前排左1）顺利交船

广大科技人员为研制水雷战舰艇及消磁船刻苦攻关，无私奉献。总设计师马锦华研究员是其中的一名代表，他毕业于上海交通大学，长期从事反水雷舰艇的研究设计，是中国反水雷战舰艇的研发设计专家，参加了中国第一艘转让和第一艘自己制造的水雷战舰艇的设计。他在反水雷战舰艇研制岗位上工作几十年，为了工作，经常加班。一次某型扫雷舰开展海上试验时，正好他爱人生病，需他陪护到医院，怎么办？是到基地参加产品试验还是陪爱人到医院，如何抉择？他还是以工作为重，与科技人员一起赶到基地海试第一线参加试验。他常说，反水雷战舰艇是海军极为重要的一类舰艇，反水雷战舰艇作为和平卫士、战时先锋，要不断保持其先进性，一定要以对国家、对战士负责的态度搞好每一型舰船的研发设计。

退休后，他不负组织重望，仍坚持工作在科研设计第一线，关心指导青年科技工作者，把自己的经验传授给大家。2016年，他参加海军舰艇研发设计史编写，尽管心脏不好，但仍坚持认真审阅编写内容。他说，中国扫雷舰艇的发展太艰难了，这段历史应让后人知道。

舰船设计是个系统工程，要靠众多同志共同努力来完成。

某型扫雷艇产品组设计师们在下厂配建期间，每天在建造现场既当技术员处理各种技术问题，又当工艺员处理建造中的工艺问题。在酷热的夏天，头顶38摄氏度以上的高温，脚踏在滚烫的钢板上，钻进蒸笼般的舱室内，浑身上下大汗淋漓，衣服像从水中捞出来一样。斗转星移，日落月升，不觉夏去秋来，凉飕飕的秋风带着几分寒气，副总设计师在厂里一住就是40多天，仍身着单衣、脚穿凉鞋，一身夏装与萧瑟的秋风抗衡，坚持在建造第一线。

一位武备设计师，爱人长期有病却不能在家照顾，一心扑在新型舰艇的配建工作中；一位设计师，积极配合船厂做倾斜试验，白天参加试验，当天晚上通宵达旦进行计算、编制试验报告，直到第二天天亮报告才完成，经校审后提交给船厂，得到船厂的高度赞扬；一位电气设计师，因配建工作过度劳累加之天气炎热，患了淋巴管炎，连续打了近一个星期的吊针，仍坚持每天到现场配建，甚至边打吊针边接听手机协调解决技术问题；轮机专业设计师新婚燕尔，却放弃了蜜月佳期，赶赴现场工作；结构设计师积极配合上海交通大学在艇航行试验时测结构振动，编写报告，得到各方好评；有位青年设计师由于

> 图258 马锦华总设计师带领的产品组荣获先进集体称号

第6章 逐步领先——中国水雷战舰艇的发展历程

> 图259 本书第一作者（右二）与军事代表及造船人在现场共同攻关

连续加班，劳累过度，牙龈发炎，半边脸都肿了，还伴有发热，俗话说"牙痛不是病，痛起来真要命"，为不影响工作，他边吃消炎止痛药，边编写试验册；在一次拆除消磁电缆过程中，电缆弹出水面，击中一位科技人员额部，顿时鲜血直流，卫生院为他缝了5针后，他仍然回到工作岗位继续工作。

在整个新型战舰研发设计过程中感人事迹不胜枚举。大家为了一个共同的目标，远离繁华的城市来到偏僻而寂寞的工厂，短则一个多星期，长则一个多月，与船厂工人师傅一起共同奋战在第一线，攻克了一个又一个难关，使技术问题逐一得到圆满的解决。虽然生活是枯燥的，工作是辛苦的，但精神却是充实的。

第7章
各有千秋
—— 国外水雷战舰艇概况

水雷战舰艇

自水雷问世以来，水雷战始终是一种有效的作战手段，贯穿于海战的始末。水雷战的作战实践使各国海军认识到水雷威胁的严重性和反水雷作战的艰巨性、重要性。

二战结束以后，各国都从美国对日本发动的"饥饿战役"看到水雷战的威力，沿海国家和地区对于反水雷舰艇的发展都极其重视，世界上已有40多个国家和地区的海军拥有各型反水雷舰艇千余艘，正在建造的中型以上舰艇有几十艘，还有一些国家海军制订了反水雷舰艇研制计划，反水雷舰艇发展方兴未艾。

用于远洋
美国水雷战舰艇

美国对水雷战一贯高度重视，且研制的反水雷舰艇多用于海外作战及出口。

复仇者级反水雷舰

美国于1982年初开始建造复仇者级新型反水雷舰。该级舰是远洋深水猎雷、扫雷相结合类型的舰艇，主要用于远离基地支援航空母舰特混编队或快速部署部队，以及在美国和外国水域的水雷阻塞区执行猎雷、扫雷任务，能够探测、识别、消灭锚雷和沉底雷，并可进行接触和非接触扫雷。首舰于1987年建成，满载排水量1 312吨，航速13.5节。船体为木质，装有变深声呐和精确组合导航系统，携带新的MNS型灭雷具及多种磁、声扫雷具，能在中等水深水域执行猎雷、扫雷任务。它是当今世界上最大的反水雷舰艇。

该型舰技术特点如下。

> 图260 复仇者级"船长"号反水雷舰

第7章 各有千秋——国外水雷战舰艇概况

> 图261 复仇者级反水雷舰后视图

船体结构材料独特

船体采用4层木质结构，外表面包覆多层玻璃纤维增强树脂，连接部件采用铝合金、铜合金等非磁性材料，具有高强度、抗冲击、抗磨损、抗虫蛀、容易维修、无磁性、低辐射噪声等优点。

电子设备先进

该舰装有2部SQQ-32吊放式变深声呐：1部搜索声呐用于初步探测；1部高分辨率声呐则用于识别水雷。它能在多种海底条件下执行目标探测任务，目标识别质量高。

在最后建造的两艘舰上还装有反水雷战战术数据系统，集导航、指挥控制于一体，可与各导航设备、声呐、灭雷具控制台接口，显示内容包括航速、航向以及与反水雷作战有关的所有数据。

灭雷、扫雷系统完善，性能先进

舰上配有2套SLQ-48灭雷具、SLQ-37（V）3磁声感应式联合扫雷具、奥

> 图262 美国的AN/SLQ-48灭雷具

罗帕萨SLQ-38-O/1型接触扫雷具、EDOALQ-166磁扫雷具。灭雷具上战斗部为2把雷索割刀和1个灭雷炸弹,并设有1台小型高分辨率声呐、2部微光电视,工作潜深可达300米以上。

鹗级猎雷舰

20世纪80年代末期,美军为了加强其水上扫雷能力,决定研制一型吨位较小的新型猎雷、扫雷舰艇。1993年11月首舰服役。

该舰舰长57米、宽10.95米、满载排水量918吨,航速12节,共造了11艘,主要用于排除港口和沿海航道中的水雷。船体采用硬壳式整体玻璃钢结构,取消了传统的结构骨架。这种结构无磁性、工艺性好、结构坚固、抗冲击性好,但重量较重。主机安装在玻璃钢支架上,并采用隔声罩屏蔽,大大降低了本舰噪声。

舰上的反水雷装备为1套SLQ-48灭雷具和1套DGM-4闭环消磁系统。SLQ-48灭雷具的脐带电缆长度为1 070千米。

> 图263 鹗级号猎雷舰MHC-55号

> 图264 鹗级猎雷舰MHC-51号灭雷弹引爆水雷

第7章 各有千秋——国外水雷战舰艇概况

数量庞大
苏联/俄罗斯水雷战舰艇

苏联重视水雷战舰艇建设，曾经拥有世界上最多的反水雷舰艇，最多时达400余艘。

二战开始后，苏联建造了大量可用于远洋的T-43型基地扫雷舰。该型舰装有截割扫雷具、声频扫雷具和电磁扫雷具。

在发展远洋反水雷舰船的同时，苏联还发展了沿海及近岸反水雷舰船。从1956年起，苏联先后建造了五型沿海扫雷艇以及两型近岸扫雷艇。1970年建造的第三型沿海扫雷艇热尼亚级采用了玻璃钢材料，大大降低了艇体的磁场，提高了该级艇的防护性能。

苏联还于80年代初建造过一艘娜佳级猎扫雷舰，钢质船体，排水量710吨。

后来，俄罗斯建造第五代扫雷舰娜佳

> 图265 苏联T-43型基地扫雷舰

> 图266 苏联娜佳级远洋猎扫雷舰

俄罗斯于2016年12月交付其海军12700型远洋猎扫雷舰首舰"亚历山大·奥布霍夫"号。该型舰舰体用无磁性的玻璃钢复合材料制成,除了装备有新型扫雷装置和无人猎雷系统以外,还装备有布雷装置,是多用途反水雷舰艇。

Ⅱ/玛瑙级远洋猎扫雷舰,兼具扫雷和猎雷功能,是俄海军重点发展的一型多用途反水雷舰船。该舰长61米、宽10.2米、平均吃水3米、排水量822吨、航速16节。该型舰首次实现航行驾驶台和主指挥所一体化配置,自动驾驶水平和机动性较高。它在俄罗斯海军扫雷舰中首次装备了可在前方探雷的"利瓦吉亚"声呐站及无人潜航器,能在航向前方快速探雷、排雷。

> 图267 俄罗斯娜佳Ⅱ/玛瑙级远洋猎扫雷舰738号

> 图268 俄罗斯娜佳Ⅱ/玛瑙级远洋猎扫雷舰911号

第7章 各有千秋——国外水雷战舰艇概况

> 图269 俄罗斯12700型远洋猎扫雷舰首舰"亚历山大·奥布霍夫"号

型号众多

日本反水雷舰艇

日本重视反水雷能力的建设，将水雷战装备作为海上自卫队重点发展目标，50多年来不断提升着自身的扫雷能力。如今，日本海上自卫队拥有多型反水雷舰艇，如菅岛级近岸扫雷舰、平岛级猎扫雷舰、八重山级远海猎扫雷舰、淡路级远洋猎扫雷舰等。

 菅岛级近岸扫雷舰

1999年3月首舰"菅岛"号扫雷舰开始服役，现有12艘在役，舰长54米、宽9.4米、排水量510吨、航速14节。该舰装有PAP104MK-5灭雷具和Dyad电磁扫雷具。

> 图270　菅岛级近岸扫雷舰683号

 **平岛级猎扫雷舰**

　　平岛级猎扫雷舰是目前日本最先进的扫雷舰之一，首舰"平岛"号于2008年3月服役，已建造3艘，舰长57米、宽9.8米、排水量570吨、航速14节。该级舰装备了新一代可变深度猎雷声呐、猎雷信息处理系统、改良型深水扫雷具（包含小型机械扫雷具/电力驱动声频与磁性扫雷具）、S-10遥控猎雷具。其中遥控猎雷具拥有搜索、探测和灭雷能力，在探测到水雷目标的同时就实施灭雷行动。

> 图271　平岛级猎扫雷舰601号

在进行反水雷作业时,母舰通过脐带电缆遥控,在1千米的半径范围内进行作业。在不装割刀和灭雷炸弹时S-10遥控猎雷具可作水下探测器使用,用于海底搜索、测量、绘制海底地貌图,也能承担水下机器人的某些任务。

值得一提的是,平岛级猎扫雷舰预计装备的水雷战系统与当今先进的水雷战观念非常吻合,改变了以往水雷战系统中各分系统之间没有密切联系的局面。它利用先进的局域网技术,将探测装置、水雷处理装置、自动操舰装置以及辅助导航装置等系统,与水雷战情报处理装置有机地结合在一起,使各系统都可以了解其他系统当前的工作情况,同时便于舰长掌握全局态势。

八重山级远海猎扫雷舰

八重山远海猎扫雷舰于1980年开始建造。该舰满载排水量1 275吨,舰长67米、宽11.8米、航速14节,装配有深水灭雷具和Dyad磁扫雷具。不但可以猎扫500米以内水深的各种水雷,而且能够为日本在远海活动的潜艇开辟水下航道,从而大大提高日本海上自卫队的深远海猎雷、扫雷能力及潜艇活动的范围;还能到各海湾出入口及海峡深水水域进行扫雷作业,以保证其商船队的安全。

> 图272 八重山级远洋猎扫雷舰"八丈岛"号

> 图273 大型Dyad扫雷具的7个磁体和2个指示浮标在海面准备展开

该级舰的主要反水雷装备有S-7型深水灭雷具、S-8型深水拖曳式扫雷具、澳大利亚的Dyad型磁性扫雷具等。S-7是对沉底水雷投放炸药并进行处理的遥控式潜航器。S-8是自航式扫雷具,在扫雷作业时将带有割刀的扫雷索吊放到数百米深处以切割布放在海水中的锚雷雷索。S-7和S-8均是日本防卫厅技术本部集中了海上自卫队多年的扫雷经验及技术精华而研制成功的。

淡路级远洋猎扫雷舰

> 图274 大型Dyad扫雷具的单个磁体和人的大小比较

淡路级远洋猎扫雷舰,舰长67米、宽11米、深5.2米、吃水2.7米,玻璃钢材料船体,标准排水量690吨,配备2台1 600千瓦柴油发动机,双轴,最高航速为14节。它采用强化玻璃纤维材料制造,可减轻扫雷作业期间的重量以及磁性特征。

> 图275 淡路级远洋猎扫雷舰304号效果图

第7章 各有千秋——国外水雷战舰艇概况

> 图276 淡路级远洋猎扫雷舰304号服役

> 图277 淡路级远洋猎扫雷舰"平户"号下水

> 图278 淡路级扫雷舰"平户"号服役

小贴士

Dyad扫雷具

Dyad是澳大利亚新研制的一型磁场模拟扫雷具，拖曳7个带有铁淦氧永磁的磁体，可以模拟小至几十吨重的登陆艇、大到10万吨级商船的合成磁场，以对付磁性水雷，并且具备模拟磁场可预先编程功能。Dyad以两种尺寸生产，小型Dyad扫雷具外形类似普通的扫雷具，可以模拟经过消磁的战斗舰艇的物理场；大型Dyad扫雷具的磁矩则要大得多，可用来对付低灵敏度水雷。Dyad提供了效费比很高的非接触扫雷能力，其主要优点是不需要维修保养，无须拖曳母船供电与控制。

其他国家的反水雷舰艇

除了美国、俄罗斯、日本三国以外,还有一些国家如英国、法国、德国和意大利等国也有一定数量的反水雷舰艇。

 英国反水雷舰艇——着重发展猎雷舰艇

狩猎级猎雷舰

1980年建成狩猎级猎雷舰,首舰"布雷肯"号满载排水量750吨,航速15节,猎雷速度8节,带有2套灭雷具,还能使用声、磁与接触扫雷具进行扫雷,是当时较大的玻璃钢猎雷舰,曾在马尔维纳斯群岛战争中完成了猎雷、扫雷、测定沉船位置和处理深水爆炸物等项任务。

桑当级猎雷艇

英国皇家海军1989年3月服役的桑当级猎雷艇,满载排水量484吨,长52.5米、宽10.5米;拥有2套动力系统,巡航时采用柴油机推进,航速13节,猎雷时采用电力推进,航速6.5节;舰体采用玻璃钢材质。此外,该级舰为2部PAP-104MK-5灭雷具设置专用库,大大提高了灭雷具的可用性。

英国现役的8艘桑当级猎雷艇被认为是世界上最先进的水雷战舰艇之一。2005年,英国海军将桑当级上的作战系统升级,可以实现数据交换,为建立网络中心

> 图279 英国狩猎级猎雷舰首舰"布雷肯"号

第7章 各有千秋——国外水雷战舰艇概况

> 图280 英国皇家海军桑当级猎雷舰"拉姆齐"号

反水雷站奠定了基础。

法国反水雷舰艇——多国协作求发展

"水星"号无磁性扫雷艇

二战后，法国海军对反水雷装备发展非常重视，与荷兰、比利时联合研制出了"水星"号无磁性扫雷艇，艇长44米、宽8米，可以防御高灵敏度磁性水雷。"水星"号扫雷艇壳体为木质，艇用材料除采用了低磁钢外，还采用了铝、铜等金属材料；主机由无磁性材料制造。在艇的磁性防护指标方面，法国走在世界前列。

> 图281 法国"水星"号扫雷舰侧视图

> 图282 三伙伴级猎雷舰侧视图

> 图283 三伙伴级猎雷舰后视图

三伙伴级猎雷舰

法国与荷兰、比利时联合研制了世界最早的猎雷舰,首舰于1983年建成,玻璃钢船体,满载排水量595吨,航速15节,猎雷航速7节。它装有舰壳式猎雷声呐、精密导航定位设备、猎雷情报中心和2套灭雷具,可销毁水深100米以内沉底雷和锚雷。该型舰还可用作扫雷指挥舰、遥控扫雷母舰、潜水作业舰等。

> 图284 法国PAP-104MK-5灭雷具

德国反水雷舰艇——从遥控扫雷起步

"特洛依卡"型遥控扫雷系统

该系统于1980年服役，共生产了18套，装在遥控艇上无人操作，安全性高。

该系统主要包括1艘主控艇及其作战室控制设备与3艘装有声磁扫雷设备的遥

> 图286 德国"特洛依卡"型遥控扫雷艇

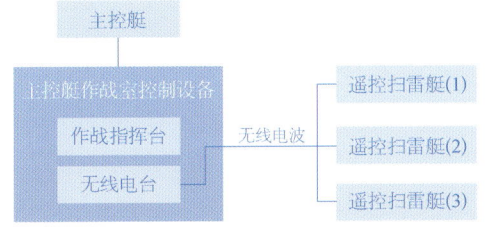

> 图285 德国"特洛依卡"型遥控扫雷系统示意图

控扫雷艇。

"特洛依卡"遥控扫雷艇满载排水量99吨，全长24.9米，型宽4.5米。

主控艇最初为林道级扫雷艇，20世纪80年代后期改为满载排水量为635吨的343型哈默尔恩级扫雷艇。

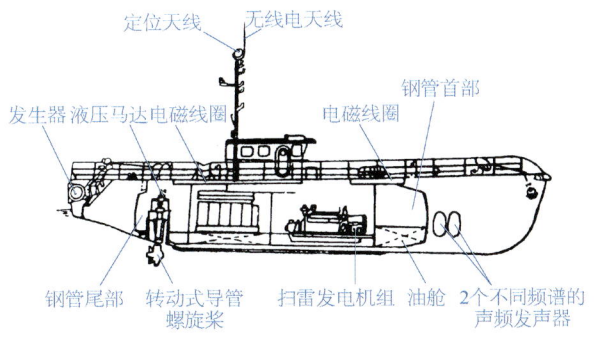

> 图287 德国"特洛依卡"型遥控扫雷艇结构图

> 图288 主控艇与3艘遥控扫雷艇

> 图289 恩斯多夫级（352型）扫雷舰M1094

恩斯多夫级扫雷舰

20世纪90年代中期起，德国改造了5艘弗兰肯索（332型）猎雷舰成为扫雷舰，它不仅装有先进的扫雷具，还可以作为遥控扫雷艇的主控艇。该舰被命名为恩斯多夫级扫雷舰。该级扫雷舰满载排水量650吨，主尺度为长54.4米×宽9.2米，航速18节。

弗兰肯索级猎雷舰

弗兰肯索级猎雷舰于1992—1998年共建造了12艘。该级猎雷舰满载排水量为650吨，主尺度为长54.4米×宽9.2米，航速18节，猎雷航速6节，配有2套企鹅B3灭雷具，既可猎灭沉底雷，也可清除锚雷。该舰猎雷性能优异，是德国海军重要的反水雷力量。

2016年12月下旬，德国升级改造了三艘弗兰肯索级（332型）猎雷舰的反水雷系统。

> 图290 弗兰肯索级猎雷舰M1063

第7章　各有千秋——国外水雷战舰艇概况

图291　弗兰肯索级（332型）猎雷舰M1066

意大利反水雷舰艇——灭雷具不断发展

勒里希级猎雷舰

1985年，意大利海军勒里希级猎雷舰首舰交付使用，满载排水量520吨，航速15节，猎雷速度最高可达7节，采用抗冲击性强的玻璃钢单层硬壳船体结构，装有可变螺距螺旋桨，并有3个（舰艉2个、舰艏1个）可伸缩的液压导管推进器，用

图292　意大利勒里希级猎雷舰

（a）MIN型灭雷具

（b）Pluto型灭雷具

（c）Plus型灭雷具

图293　意大利研制出的MIN、Pluto、Plus三型灭雷具

于低速推进与机动。配有MIN、Pluto、Plus三型灭雷具。

MIN、Pluto、Plus三型灭雷具

三型灭雷具的主要性能见表1。

表1　意大利三型灭雷具性能

型号	尺寸（毫米）	质量（千克）	灭雷弹（千克）	航速（节）	工作深度（米）	工作时间（小时）
MIN	3 600×1 050×1 650	1 150	120	6	350	1
Pluto	1 680×600×650	130	45	5	300	2
Plus	2 100×600×610	315	100	6	400	6

第8章 与"雷"俱进

——未来水雷战舰艇展望

随着科学技术的飞速发展，水雷这个古老的海战兵器，已经旧貌换了新颜，现代水雷正朝着大深度、远航程、高智能、主动攻击及精确打击的方向发展，呈现出隐蔽性更强、智能化更高、破坏力更大等诸多特点。这同时也使得反水雷作战更加艰巨和复杂，为实现有效的反水雷作战，必须建立严密完整的反水雷作战体系，打造未来更加先进的水雷战舰艇。

为了与"雷"俱进，作为反水雷作战装备的水雷战舰艇，其未来的发展趋势将如何呢？让我们来一起展望一下作为水雷的"克星"，未来的反水雷舰艇将是什么样子吧！

网络化

反水雷技术复杂、难度高，未来随着水雷智能化程度的提高，为了提高排除水雷的成功率，单一的反水雷舰艇或单兵种作战已无法满足战争需求，必须充分发挥网络优势，借助多舰队或跨兵种的合作来完成反水雷作战

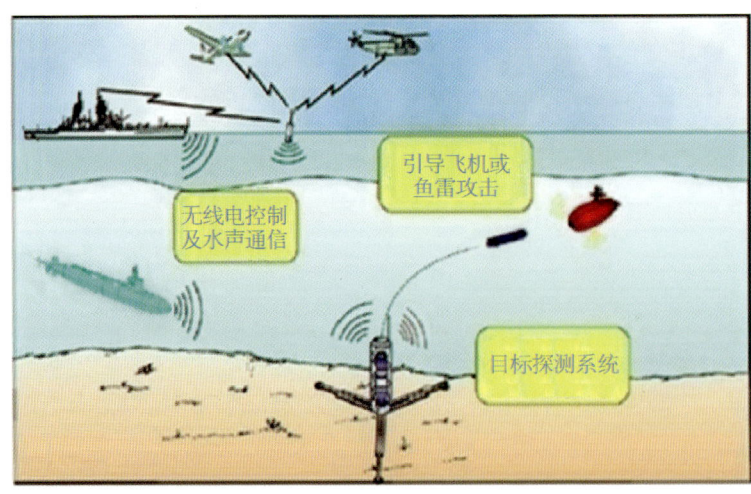

> 图294 水面、空中和水下三位一体的网络化体系

第8章 与"雷"俱进——未来水雷战舰艇展望

任务。

北约将多个国家的舰艇、飞机和潜艇作为反水雷平台,把不同国家的各种可能使用的装备集中起来,最终形成水面、空中和水下三位一体化的反水雷体系。为此,将建造新型"超级水雷战舰艇",通过网络中心站结构,用于指挥、控制反水雷作战。

> 图295 反水雷舰艇编队网络化体系

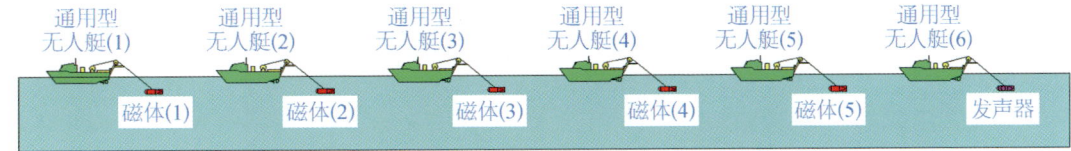

> 图296 多艘通用型无人艇临时加装扫雷具单个磁体或发声器组成网络编队扫雷示意图

无人化

排除水雷是很危险的工作,因此随着无人自主控制的兴起,用于猎雷和建制式反水雷的无人潜航器和无人水面艇发展特别迅速。

无人水面艇是指依靠遥控或自主方式在水面航行的无人化、智能化作战平台,可通过飞机或大型舰船携载，到达预定地点后施放，也可直接在基地近岸使用，实现保护己方、打击敌方的作用。无人水面艇的研究起步较无人潜航器和无人机晚，但发展迅速，目前已受到世界各海上强国的高度重视。

美国科学应用国际公司提出的水面三体船方案得到美国海军的认可并且生产了样艇，称为"海上猎人"号，装备了反潜声呐，通过了反潜试验；2017年5月3日换装成猎雷声呐，进行了猎雷测试。

无人水面艇兼具无人机执行水面任务和无人潜航器执行水下任务的优势，使其可作为跨水面（域）网络的关键节点，用于收集、处理和传递信息。单独或协同其他有人或无人平台执行军事欺骗、电子信息作战、水面作战、反潜战、反水雷战等任务。

由于在续航能力、载荷搭载能力、控制精度等方面比其他无人潜航器表现更优，无人水面艇在新一代无人反水雷装备中发挥着巨大的作用。这些无人水面艇装备具有模块化、多功能的特点，美国、英国、德国等国都在大力发展。

武器站基座，可根据客户要求进行位置及数量的灵活配置

> 图297　美国海军50吨级23米特战无人巡逻艇

> 图298　美国研制的反水雷无人潜航器

第8章 与"雷"俱进——未来水雷战舰艇展望 | 169

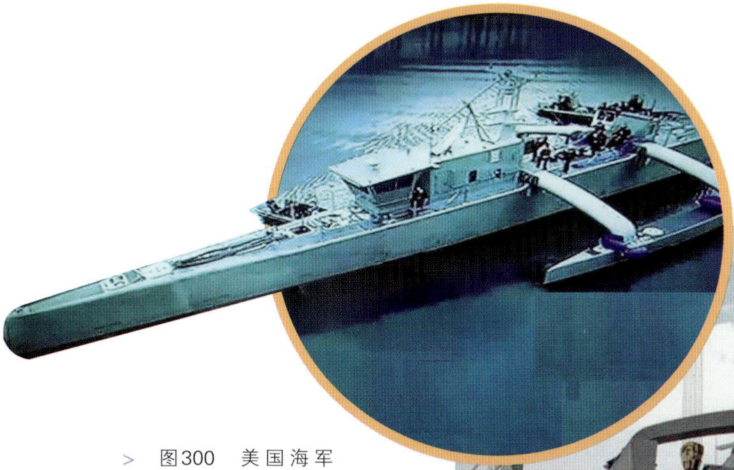

> 图299 水下探灭雷具工作示意图

> 图300 美国海军"海上猎人"号无人艇海试照片

> 图301 美国海军"海上猎人"号无人艇吊放时显示艇底部照片

> 图302 美国海军"海上猎人"号无人艇探测潜艇效果图

小型化

反水雷舰艇可能赴远海作业,作业区域海情不明,海况可能较高,这样对反水雷武器的收放要求很高,所以猎扫雷具必须朝小型化发展。比如取消原来新一代基地扫雷舰上装载的两台大的脉冲直流发电机组,改用变流变频技术,直接利用船上交流电站供电。小型化同时也有利于模块化的发展。

> 图303 美国遥控猎雷系统(RMS)水下半潜航行示意图

第8章 与"雷"俱进——未来水雷战舰艇展望

> 图304 美国遥控猎雷系统（RMS）布放照片

模块化

反水雷舰艇需搭载猎雷具、接触扫雷具、非接触扫雷具等多种反水雷武器，而船上空间有限，为了改善船上的生活设施条件，同时也给反水雷设备收放保

> 图305 美国濒海战斗舰

> 图306　美国濒海战斗舰的扫雷作战模块运用示意图
> 1英尺=30.48厘米

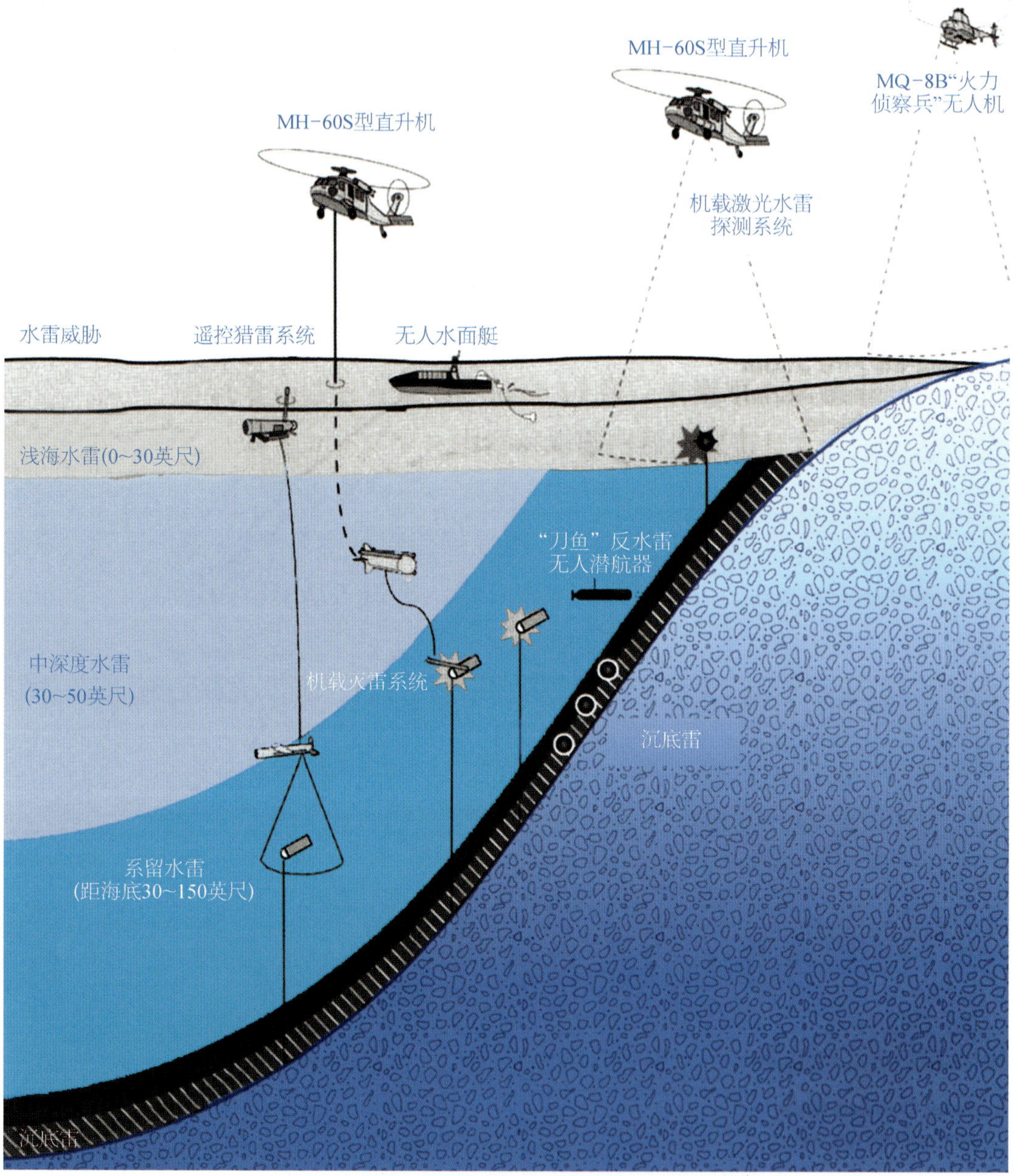

证足够的空间，反水雷舰艇的反水雷武器将采用任务模块的形式。各任务模块的特征包含两点：具有独立的功能；具有标准的接口，包括物理连接接口及水、电、气、数据等接口。执行任务时，根据任务的特性携带相应的任务模块。

如美国的濒海战斗舰就是一个适用于近海作战的多功能平台，它的设计贯彻了模块原则，即根据所赋予的作战任务可在该平台安装不同的作战和辅助系统，其中就包括反水雷武器。

濒海战斗舰规划研制三种任务模块：反潜战模块、水面战模块和反水雷模块。反水雷模块仅仅开始了海上探雷试验，扫雷模块也仅仅完成了模块运用示意图。

智能化

"水下机器人灭雷"是智能化的集中体现，也是各国目前重点研究的方向，且许多国家已经成功研制出了水下机器人灭雷具，多次在实战演习中成功灭雷。

随着智能技术的不断发展，可以研制水下不同类型的机器人，在机器人身上设置多种识别并达到高频猎雷声呐、探测声呐等功能，由机器人判别水雷位置和种类，再由扫雷机器人携带扫雷具去执行扫雷任务，最后由机器人发出指令引爆水雷或击毁。开启由机器人操纵扫除水雷的时代，大大提高反水雷人员的安全性。可以设想，那时的反水雷舰艇只是一个运输工具，或成为一个指挥部而已，不需要扫雷设备和扫雷具就可完成扫雷任务，全部工作由机器人完成。也可以设想未来水雷和反水雷战将是一场空前的"机智过人的智能之战"，又是一场精彩的瞒天过海之战。

> 图307 日本水下机器人探雷

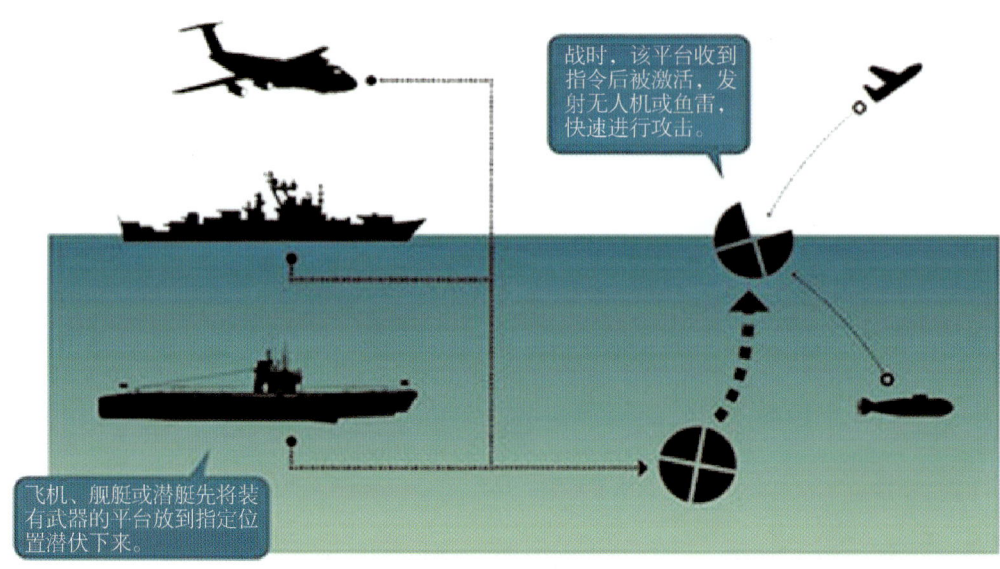

战时，该平台收到指令后被激活，发射无人机或鱼雷，快速进行攻击。

飞机、舰艇或潜艇先将装有武器的平台放到指定位置潜伏下来。

> 图308 水下战斗智能平台

多功能化

扫雷舰艇造价低、技术成熟，可担负深水扫雷任务；猎雷舰艇具有不须预先探明水雷引信的类型和工作制度，也不受抗扫装置的限制就可以探测和消灭水雷等优点。建造将猎雷、扫雷功能合一的多功能舰艇已经实现了。

将来，随着技术的发展以及海战的需要，反水雷舰艇可能需要具备更多的功能，将巡逻和探雷、扫雷多种任务结合在一起。

另外，还有意大利的装有小型猎雷艇和探雷、扫雷直升机的反水雷母舰，它类似一个浮动基地，是反水雷战的指挥舰，排水量达3 000吨，可装载2艘小型猎雷艇以及探雷、扫雷直升机，并指挥反水雷作战。

> 图309　富兰肯特级巡逻-猎雷舰

> 图310　探雷直升机探雷效果图

参考文献

1. 石云生.中国海军百科全书［M］.北京：海潮出版社，1998：1580–1581.
2. Anthony J Watts.舰艇鉴赏指南［M］.刘杨，译.北京：人民邮电出版社，2009：322–339.
3. 《深度军事》编委会.现代舰船图鉴［M］.北京:清华大学出版社，2016：134–158.
4. 陆建勋.舰船概论（二）［M］.北京：中国舰船研究院，1986.
5. 佘湖清.水雷总体技术［M］.北京：国防工业出版社，2009.
6. 彭宏良.走向21世纪的水雷战舰艇［M］.北京：海潮出版社，1999：6–7.
7. 《船舶名词术语》编订组.船舶名词术语［M］.北京：国防工业出版社，1982.
8. 梅丽亚.诅咒水雷［M］.北京：海军军事研究所出版社，1993.
9. 宫继祥.探听水下目标的顺风耳［J］.现代舰船，2006（05A）：6–9.
10. 于开金，李光所，曹永恒.岛链浅析［J］.船舶，2006（5）：13–15.
11. 江雨.岛链与中国海军向远洋的发展［J］.舰载武器，2008（12）：26–31.
12. 赵晓慧.水雷——古老廉价的战略利器［J］.兵器知识，2016（6）：14–17.
13. 朱章.物理（中学基础知识手册）［M］.上海：上海教育出版社，1979：2–29.
14. 沈杰，罗杏春.俄罗斯反水雷舰艇及装备发展给我们的启示［J］.船舶，2008，10（5）：6–9.
15. 《电机工程手册》编辑委员会.电机工程手册［M］.北京：机械工业出版社，1983.
16. 车福德.台湾新型猎雷舰一波三折的研制丑闻始末［J］.现代舰船，2018（4）：86.
17. 卫甲，崔轶亮.1974西沙战记（上）［J］.现代舰船，2018（1）：28–62.
18. 卫甲，庄彦.1974西沙战记（下）［J］.现代舰船，2018（3）：26–66.
19. 刘勇.扫爆水雷［J］.现代舰船，2017，19：7.
20. 余娉，贾逸超.朱继周先生回忆——援越扫雷作战中的312型遥控扫雷艇［J］.现代舰船，2016，15（8A）：24–28.
21. 王笑梦.扫雷USV初尝试——国产312型遥控扫雷艇简史［J］.现代舰船，

2016，15（8A）：29-33.

22. 李斌.经典海战武器装备［M］.北京：中国经济出版社，2015：299-323.

23. 潘小员.中国海军新型扫雷舰［J］.当代海军，2012（7）：6.

24. 史峰.高于起点的回归——水雷引信［J］.兵器知识，2016（6）：18-21.

25. 静心.撒播五年死亡的种子——浅谈水雷布设行动［J］.兵器知识，2016（6）：22-27.

26. 杨王诗剑.用生命关闭水下地狱之门——反水雷装备概述［J］.兵器知识，2016（6）：27-33.

27. 冯洁，陶然，蓝云.水雷价值不容小觑——中国近海水雷战［J］.现代舰船，2015（11B）：30-43.

28. 林基书.日本要建海洋调查船对抗中国［J］.现代舰船，2005（2A）：2.

29. 桂志仁，Digitalunit.图说舰船·刺刀见红——1974年西沙海战第一篇［J］.北京：现代舰船，2014（4A）：81.

30. 谢志高.台军想在水雷战上出彩［J］.环球军事，2006，9（上半月版）：24-25.

31. 张明生，房大孟，黎友陶.轰，巨响一声航道开［J］.当代海军，2013（8）：44-46.

32. 樊涛，周宏富，刘鑫.南海舰队某扫雷舰大队跨海区机动扫雷训练［J］.当代海军，2015（8）：48.

33. 代宗锋.亮点频出的扫雷演练［J］.舰船知识，2013（10）：52.

34. 潘小员，刘鑫.轰，"死亡之海"猎战雷［J］.当代海军，2013（9）：52-54.

35. 庞军.淡路级远洋扫雷舰［J］.舰船知识，2016（4）：89-92.

36. 锋毅.中国海军扫雷舰的武备［J］.舰载武器，2011（12）：5.

37. 朱俊杰，郭金辉，黄亮.最新扫雷舰禹城舰入列［J］.当代海军，2014（11）：72-73.

38. 潘小员.扫雷舰编队航行［J］.当代海军，2015（7）：5.

39. 王威，黄文洲，潘小员.南海舰队某基地组织水雷战对抗研练——舰走涛飞惊雷起［J］.当代海军，2017（10）：36-39.

40. 张传华.以弱胜强的利器：水雷将越来越难对付［J］.现代舰船，2014（4）：66-68.

41. 农世海，郭益.勇闯"死亡之海"——亲历南海舰队某水警区首次组织编队实扫某智能化战雷［J］.当代海军，2014（9）：30-33.

42. 钟凯，魏瑞兰，崔铁亮.和平卫士　战时先锋——中国水雷战舰艇总师访谈录［J］.现代舰船，2010（1A）：6-8.

43. 韩丰军，朱俊杰.某扫雷舰大队实扫战雷演练——惊雷一声震海天［J］.当代海军，2016（5）：44.

44. 刘文平，刘鑫，成斌，等.轰！战雷震海天——目击某水警区舰艇编队实布实扫智能化战雷［J］.当代海军，

2014（10）：34–37.

45. 代宗锋.东海舰队"海上扫雷尖兵"［J］.舰船知识，2013（2）：5.

46. 潘小员，周宏富，王杰.四级军士长卢利静——做战斗精神文化的创作者［J］.当代海军，2013（7）：36.

47. 司昂.中国海军6610型扫雷舰剖视图［J］.现代舰船，2018（1）：14.

48. 华谷子.新入编的"昆山"号扫雷舰［J］.舰船知识，2012（3）：7.

49. 克强.海底蛟龙——苏/俄潜用自航水雷［J］.舰船知识，2017（3）：51.

50. 崔轶亮.人民海军舰艇全谱［M］.北京：现代舰船杂志社，2017.

51. 袁鹏.大陆架划界案下的中国海疆安全［J］.现代舰船，2009（7A）：15–21.

52. 高树和.LCS濒海战斗舰何去何从［J］.现代舰船，2014（3A）：44–47.

53. Raymond Blackman. Jane's Fighting Ships［J］.简氏书局伦敦出版社，1972–1973：67.

54. John E Moore. Jane's Fighting Ships［J］.伦敦：简氏书局伦敦出版社，1974–1975：80.

55. John E Moore. Jane's Fighting Ships［J］.伦敦：简氏书局伦敦出版社，1978–1979：102.

56. Stephen Saundors. Jane's Fighting Ships［J］.伦敦：简氏书局伦敦出版社，1980–1981：105.

57. Richard Sharpe. Jane's Fighting Ships［J］.伦敦：简氏书局伦敦出版社，1990–1991：117.

58. Richard Sharpe. Jane's Fighting Ships［J］.伦敦：简氏书局伦敦出版社，1998–1999：132–133.

59. Stephen Saundors. Jane's Fighting Ships［J］.伦敦：简氏书局伦敦出版社，2014–2015：156–157.

60. Stephen Saundors. Jane's Fighting Ships［J］.伦敦：简氏书局伦敦出版社，2017–2018：161–162.

61. 徐海鹏，代宗锋，王春风."磁场"追梦人——记东海舰队装备部某消磁站官兵［J］.当代海军，2013（9）：58–60.

62. 酸梅干.舰艇消磁［J］.现代舰船，2015（1B）：7.

63. 邱贞玮.独木难支——朝鲜海军任务与实施［J］.舰船知识，2016（6）：70.

64. 赵晋宏，孙继红，李翊.水雷武器漫谈：物美价廉的水中战略武器（上）［J］.当代海军，2012（8）：67.

65. 傅金祝.瑞典海军水雷战舰艇［J］.舰船知识，2012（8）：74.

66. 谢瑞强，林永清.半岛上的"钢铁暴雨"——朝鲜与韩国现役多管火箭炮全透视［J］.现代兵器，2016（4）：7.

67. 秦鸥.朝鲜齐射火箭炮家族探秘［J］.兵器知识，2016（5）：32.

68. 施鹤群.趣味军事［M］.上海：上海辞书出版社，2011.

后 记

新中国成立以来，我国舰船与海洋工程装备从小到大，由弱变强，实现了跨越式发展，为捍卫我国海疆和保障国民经济的发展作出了巨大贡献。为了使广大青少年和公众读者了解到我国舰船研制的艰难历程和取得的成就，中国船舶及海洋工程设计研究院、上海市船舶与海洋工程学会、上海交通大学及上海科学技术出版社携手，编纂出版"国之重器——舰船科普丛书"，向中华人民共和国建国70周年献礼。

此套丛书编写得到曾恒一院士、潘镜芙院士以及80多位舰船及海洋工程研发设计专家的响应和支持，为其顺利出版奠定了基础。丛书编纂中，注重原创，努力将科学性、权威性、严谨性贯穿始终，把技术性、知识性、趣味性融于一体，把舰与船的专业知识从学术殿堂驶达青少年和公众读者的心田。

上海市船舶与海洋工程学会理事长邢文华、中国船舶及海洋工程设计研究院党委书记卢霖、江南造船（集团）有限责任公司董事长林鸥、沪东中华造船（集团）有限公司纪委书记胡敬东等领导对这套丛书的编撰出版予以多方支持和鼓励，并明确指示：该丛书的编撰是一项系统工程，要求高、时间紧、工作量大，要发挥科技人员的参与意识和普及"国之重器"科学知识的积极性，努力把丛书编好，使它成为一部向广大青少年和公众读者科学普及舰船知识，弘扬海洋文化，开展国防教育的好丛书。

100多位从事舰船及海洋工程科研、设计、建造的专家和老、中、青三代科技工作者参与了丛书的编写。撰写者大多是肩负科研任务的一线科研工作者，只能利用业余时间进行编写；他们不是专业的科普作者，但要完成从建造者到教育者、从设计员到讲解员的角色转换；学术著作可以精尖高深，科普文章却要浅显易懂，要像对学生上课一样，心口相传，绘声绘色，这对他们而言绝非易事。但面对困难，他们不曾退缩。在大家的心中，参与丛书编撰不仅是对投身舰船科研、设计、建造实践的重塑，更是为了中国造船事业后继有人、薪火相传。从领受编撰任务的那一天起，他们酝酿推敲、遴选谋篇、不辞辛劳、不舍昼夜，把对科学的爱、对祖国的情凝练成书香墨宝。

历经2年，这部丛书终于与读者见面了。丛书的编撰得到众多单位支持，并成立丛书专家委员会，严格遵循资料汇总、提纲拟制、内容撰写、审查把关、全稿统筹的编纂规律，先后多次召开书稿初审会、复审会和终审会，确保内容准确、权威。

因此，"国之重器——舰船科普丛书"具有以下特点：

一是广泛性。丛书涵盖了当今世界主要舰（船）种，内容包括舰船的诞生、发展历程、关键系统设备和发展前景等，是目前已出版舰船科普丛书中较齐全、较系统的一套科普丛书。

二是原创性。目前市场上有关舰船方面的科普图书屡见不鲜，但引进的多，原创的少，而这套丛书立足于国内舰船研制历程，经过精心策划，历经2年的努力原创而成。

三是权威性。丛书由中国船舶及海洋工程设计研究院、上海市船舶与海洋工程学会和上海交通大学主编，联合江南造船（集团）有限责任公司、沪东中华造船（集团）有限公司、上海外高桥造船有限公司、中国海洋石油集团有限公司等单位，还成立了由曾恒一院士、潘镜芙院士领衔的专家委员会对丛书内容进行专业技术上的把关，保证了此书的科学性和权威性。

四是充满情怀。习近平总书记指出：科技创新、科学普及是实现国家创新发展的两翼，要把科学普及放在与科技创新同等重要的位置。丛书正是基于这一精神向全民，特别是青少年介绍舰船科技知识，弘扬科学精神，传播科学思想和科学方法，激发爱国热情，使全民关心、热爱、支持国防建设和舰船事业的发展，为实现强军梦、强国梦尽一份心力。

五是集体创作。老、中、青100多位科技工作者参加丛书编撰，每分册从提纲到初稿、定稿，均经众人讨论、修改，所以说丛书是集体创作的成果。

丛书编写过程中参考了一些书籍和报刊，引用了一些观点和图片，在此表示诚挚的谢意。

本书主要编写者罗杏春研究员从事水雷战舰艇研究设计及其装备研制50多年，并经常参加交船试验和实战演练。海军装备研制有关专家对本书编写提出宝贵意见。在丛书出版发行之际，向各位专家、全体编撰人员，以及关心、支持丛书编撰出版的有关单位和个人表示崇高的敬意。

对于书中不妥之处，希望广大读者予以指正。

张　毅
2018年8月

国之重器——舰船科普丛书
出版工作委员会

- **主　任**
  温泽远

- **副主任**
  魏晓峰

- **执行主任**
  侯培东

- **策划编辑**
  楼玲玲　陈　立　潘慧中　陈晏平

- **编辑人员**（以姓氏笔画为序）
  王　辉　朱永刚　杨　燕　李　艳　李宏瑞　沈晓平　张　帆　张钰琼　陈　立　陈　晨
  陈晏平　姚晨辉　高军晓　高爱华　黄丽芬　楼玲玲　潘慧中

- **美术编辑**
  赵　军　潘慧中

- **技术编辑**
  张志建　吕　伟　陈美生　王晓颖　王永容

- **责任校对**
  朱　虹　陈敏芳　卢文斌　李瑶君　翟　红

- **发行推广**
  罗小林　李　旻　杨　淦　朱旖旎　李宏瑞　陈　立　潘慧中　陈美生

- **特约顾问**
  田小川　李维靖

本书内容由中国船舶及海洋工程设计研究院审定。本书所使用的图片由中国船舶及海洋工程设计研究院、上海市船舶与海洋工程学会、上海交通大学、江南造船（集团）有限责任公司、沪东中华造船（集团）有限公司、上海外高桥造船有限公司、中国海洋石油集团有限公司、中船重工第七一四研究所、少年儿童出版社等提供。

特别说明：本书中可能存在未能联系到版权所有者的图片，请见书后与上海科学技术出版社联系。